# 她

## 幸福

王薇华 著

清华大学出版社

北 京

## 内 容 简 介

作者在近十年的心理咨询工作中发现，女性来访者的症结无非是恋爱、婚姻与亲子教育，背后透析的却是"爱"与"被爱"的关系。

桃李年华的女人，认为男人的深爱就是幸福，就是女人的全部。为此，女人们小心翼翼，患得患失，或悲伤，或思念，或阴郁，或欢喜，所有的情感变化都以男人为核心。天命之年的女人，发现幸福源于自己，世界是自己的，与他人无关。于是，女人学会了爱自己，经历了选择、执着、改变和舍弃，周遭的事情也顺着心性变得越来越好。

世界因为女人而变得多彩。女人用如阳光的"真"、如水的"善"、如花的"美"，将单薄的"脆弱"改写为"温柔""坚强""智慧"和"美好"。女人用"爱"的力量维护着家庭的温馨与欢乐。

## 图书在版编目(CIP)数据

她幸福 / 王薇华著. — 北京：清华大学出版社，2017（2025.3重印）
 ISBN 978-7-302-48292-5

Ⅰ. ①她… Ⅱ. ①王… Ⅲ. ①幸福—通俗读物 Ⅳ.①B82-49

中国版本图书馆 CIP 数据核字(2017)第 210281 号

责任编辑：张立红
封面设计：梁 洁
版式设计：方加青
责任校对：石成琳
责任印制：刘 菲

出版发行：清华大学出版社
  网  址：https://www.tup.com.cn，https://www.wqxuetang.com
  地  址：北京清华大学学研大厦 A 座  邮  编：100084
  社 总 机：010-83470000  邮  购：010-62786544
  投稿与读者服务：010-62776969，c-service@tup.tsinghua.edu.cn
  质 量 反 馈：010-62772015，zhiliang@tup.tsinghua.edu.cn
印 装 者：三河市春园印刷有限公司
经  销：全国新华书店
开  本：130mm×188mm  印 张：9.75  字  数：170 千字
版  次：2017 年 9 月第 1 版  印  次：2025 年 3 月第 4 次印刷
定  价：79.00 元

产品编号：064191-02

# 作者简介

王薇华，女，汉族，中国地质大学博士，MBA客座教授，央视《读书》栏目特邀嘉宾，是在国内较早开展积极心理学研究与实践的专家，被业内人士誉为国内积极心理学推广、普及"第一人"，中国"职场幸福力"的倡导者；全球首席幸福力导师，2010年率先提出积极心理学的新概念"幸福力"，倡导幸福不仅是感觉，更是一种可以学习的能力；已出版的著作有《幸福法则》《心理健康法则》《幸福力》《幸福的能力》《公民幸福手册》。

插图设计：陈牡丹 刘秋菊 张辛茹

# 前言

　　"脆弱啊，你的名字是女人！"在莎士比亚笔下《哈姆雷特》的这句台词中，"脆弱"被赋予了女性。《红楼梦》中，贾宝玉评价"女儿是水做的骨肉"，更是给女人贴上了"柔情似水"的标签。

　　素来，提到"女人"二字，人们总会想到"三春之晖""女人如水""女人如花"等字眼儿，柔弱的内心和温柔的本性成为了女性的心性所在。

　　女人如三春之晖，"阳光般的温暖"是女人的魅力所在。"谁言寸草心，报得三春晖"，女子本弱，为母则刚。女人恰如春日的暖阳，奉献着自己的光芒和热情。

　　女人如水，"泪水"成为女人的专利。"玉容寂寞泪阑干，梨花一枝春带雨"，纵使人间有故，经历"眼泪河"的洗礼，女人柔弱的内心蜕变得更加坚强。

　　女人如花，"花儿"成为女人的写照。"云想衣裳花想容，春风拂槛露华浓"，纵使岁月无情，花开花落，女人总是以满腔的热忱回报着阳光和雨露的恩泽。

"一个女人不是生来就是女人，她是变成女人的。"这是法国著名哲学家波伏娃对于女人的深刻阐释。从纯真无邪的女孩，一路走过姑娘、新娘、母亲、丈母娘，几十载的春夏秋冬，无数个春暖花开、风霜雨雪，女人以纤弱之躯，撑起一家三代的幸福。

孩子的未来与母亲息息相关。婚前的选择决定女人未来的幸福，也决定她孩子一生的幸福；婚后女人的选择和态度也会在潜移默化中影响到身边三代人。无论是妻子、母亲还是婆婆，虽然女人在家里的角色不同，每个家庭分工也各有差异，但女人总是成为家庭幸福的润滑剂、夫妻情感的调和剂。

作者在近十年的心理咨询工作中发现，女性来访者的症结无非是恋爱、婚姻与亲子教育，背后透析的却是"爱"与"被爱"的关系。

桃李年华的女人，认为男人的深爱就是幸福，就是女人的全部。为此，女人们小心翼翼，患得患失，或悲伤，或思念，或阴郁，或欢喜，所有的情感变化都以男人为核心。天命之年的女人，发现幸福源于自己，世界是自己的，与他人无关。于是，女人学会了爱自己，经历了选择、执着、改变和舍弃，周遭的事情也顺着心性变得越来越好。

世界因为女人而变得多彩。女人用如阳光的"真"、如水的"善"、如花的"美"，将单薄的"脆弱"改写为"温柔""坚强""智慧"和"美好"。女人用"爱"的力量维护着家庭的温馨与欢乐。

"爱"是女人毕生的事业。女人儿时渴望父母的疼爱，少女时代渴望被他人关爱，青年时代渴望被恋人宠爱。无论哪个年龄段，女人都期待着"爱"的滋养。女人的前半生，一直是向外在寻找爱，最后发现，爱就在身旁、源于内心，自己才是爱的创造者、经营者和传播者。

罗马哲学家爱比克·泰德说："女人，你不一定有能力让自己富有，但是你一定有能力让自己幸福。"

一路走来，岁月如歌。女人看过洁净的昙花一现，踏过熙熙攘攘的过眼云烟，悟过物是人非的时过境迁，从懵懂、好奇、迷茫和烦闷的漩涡，走向坚定、从容、喜悦和感恩的另一番天地。

正如冰心所说，世界上若没有女人，这世界至少要失去十分之五的"真"、十分之六的"善"和十分之七的"美"。

女人的心情，是浸染家庭的爱；女人的心境，是陶染世界的美。女人有责任让自己过得好，让自己幸福。爱的能力、美的能力和善的能力构成了女性特有的幸福力——"她幸福"。

"女子能顶半边天，巾帼何曾让须眉。"女人爱的力量影响着世界的幸福。"她幸福"的影响力深远持久，真、善、美的力量亘古永存。

爱是女人一生的课题。不要放过每一次擦肩的机会，善待每一个遇见的人，不留遗憾地走过每一个地方，做一个创造爱、经营爱、传播爱的幸福女人。

她幸福，家庭才能和睦，社会才能和谐。因为女人的幸福，决定了上一代人的幸福，影响着这一代人的快乐，也造就了下一代人的未来。

王薇华 于中国地质大学（北京）

2017年1月28号

# 目录

第一章

美丽人生：爱的能力

第二章

美好家庭：美的能力

第三章 美妙事业：善的能力

后 记

女人幸福，惠泽三生三代

第一章

美丽人生：爱的能力

# 一起看世界，顺便圆个梦

从小到大，记不清多少次，同样的场景，反反复复出现在我的梦里：一路春花、一路绿草、一路拂面的和风。我独自一人走在回家的路上，沐浴着懒懒的暖阳，享受着浓浓的春意，春风紧紧将我拥抱……似乎整个春天都是我的。我扭动着腰肢，摇摆着胳膊，迈着轻快的舞步，恣意地旋转、跳跃，一路前行。这是属于我的一方天地，没有拘束，没有旁人，只有我和我的影子，享受着从未有过的惬意和舒适。四周飘溢着淡淡的青草和怡人的花香。看那田野里、小路边、泥沟旁、土堆上，处处都是或红或粉、或蓝或紫、或白或黄的花儿，她们争相斗艳，姹紫嫣红。

抬头远望天空，偶有雪白的飞鸟掠过。我目不转睛地看着空中的一大朵白云，只觉得云朵越来越近，越来越清晰，依稀中仿佛看见流动的云丝儿，我伸出双手，想要去触摸云朵的温柔……

然而，梦醒了，恍如隔世。

梦醒之后，我会闭目回味很久，想那一缕缕滑过指尖的云丝儿，想那片花海的芬芳，想那条小路上的欢愉……

如梦的人生就是一段旅程，从出生的起点，走向回家的终点。

红尘之美是愿得一人心，相守一生；红尘之美是能得一本心，不负此生。听从心的召唤，顺应心的感觉。

1985年冬，专科毕业后的我被分配到一家机关单位的财会科做会计。年终，作为单位代表，我被领导安排去参加行业内的财务年会。那是我第一次入住本地区最高档的酒店。酒店大厅里铺着色彩斑斓的维吾尔族手工地毯，屋顶悬挂着璀璨夺目的水晶吊灯。来到房间，我脱去鞋袜，踩在柔软的地毯上，踮着脚尖舞动起来，感觉身体像云朵一样轻盈。

第一次享受席梦思大床。我一遍又一遍地将身体从站立倒向床铺，感受着被柔软的床铺拥抱的刹那惊喜。

第一次体验盆浴的舒适。正值数九寒天，窗外是大西北零下十几度的严寒，屋内是浴缸中氤氲而出的腾腾热气，弥漫在整个房间。当整个身子滑入水中时，竟然是漂浮的，当时并不会游泳的我，用手不停地撩拨着水珠洒向玻璃，看着窗上的水花轻盈地流动。

温暖的水，浸透了身体，在漂浮中，迷醉了心扉。我突然仰天大喊了三遍同一句话："我今后一定要过这样的生活！"

"我要过这样的生活"：住在如酒店般的华丽房子里、睡在有席梦思的床铺上、拥有热水洗浴的卫生间。

这是第一次的人生立誓。那年，我21岁，住在西域边陲的一个地级市，整个城市最高的楼房只有三层。当时，我只是一个月薪100元的小会计，完全不知道未来会是怎样。

不过，潜意识告诉我：要生活得舒舒服服，要开开心心地过日子。

随后的几个月，我被调到单位团委做专职团委书记。两年后，我竞选本市团委副书记落选了。情绪落入低谷，对未来的憧憬陷入了无望。

有那么一两个月，我认为自己没有了前途和目标，从政的路已经堵塞，未来还有什么希望呢？我的心中满是焦躁与迷茫。

深秋的一天，我去喀什日报社看望朋友。办公桌上《中国青年报》的醒目的大标题深深地吸引了我——"海南将建大特区，十万人才到海南参加开发建设"让我无法将目光离开。我一口气看完这篇文章，并要朋友把报纸借给我。

那天夜里，我彻夜未眠，沉浸在无限的遐想和憧憬中。一整版、两千多字的文章被我反反复复看了数遍，每一句话都刺激着我的心，每一段文字都让我激动得面红耳赤。

中国将建设一个新的大特区，这应该是全国人民的机会。当晚我就下定决心，一定要去海南，而且绝不会改变这个决定。

第二天，我试探性地问了母亲："海南这个地方可以去工作吗？"

"你脑子没问题吧，又在胡思乱想些什么？海南那个地方热死人，又穷又乱，蚊子又多又大，治安也不好，说话听不懂，根本不能去。你别瞎动心思了，安安心心的把工作做好。"

我嘴上没应承，心里却打定了主意，铁了心。

三个月后，1988年元旦过后，我向单位请假，踏上了南下的征程。我先到广州，随后去深圳和海南。春节后，身无分文的我留在了举目无亲的海口。我成为了第一批下海的创业者，也是喀什市第一位停薪留职的国家干部。在这里我要感谢生命中的贵人：当时喀什市委书记张飞叔叔、我所在单位的书记徐源智，感谢他们的大力支持和帮助。


"人生中的幸与不幸就在一念之间。"阿加莎·克里斯蒂曾说。

当年，我的内心产生了一念，她看见了机会，并示意我改变的时机到了。我听从了内心的召唤，坚定地迈出第一步。

记得1988年元月中旬的一个晚上，我乘坐的火车到达广州站。当地气温是18度，迎面来来往往的人们都穿着秋装，而我却是齐全的冬装，毛裤、毛衣和大棉袄，臃肿不堪。在接站口，我看见一位容貌漂亮又打扮时髦的女生，她穿着丝袜、黑色的紧身筒裙和漂亮的绿色羊毛衫，让我相形见绌。对比之下，我就活脱脱像个进城的乡下人，穿着和神情都与这座大城市格格不入。广州火车站的对面是巨幅霓虹灯广告牌，不停地闪烁着绚烂的光彩，刺激着茫然无措的我。

站在火车站广场，我许久未动。看着来去匆匆的行人、望着变化多彩的霓虹灯，心口如抽丝般隐隐作痛，滚烫的泪水一滴一滴从我的脸颊滑落……

我在心里暗暗发誓：一定要留在南方，一定要改变命运。

第二天，我随着旅行团去了深圳。站在国贸大厦48层旋转餐厅的窗前，我贪婪地眺望深圳的全景；站在沙头角街头，我痴痴地遥望对面繁华的中英街；在琳琅满目的大商场里，我遇见一款我前20多年看到过最美的裙子，颜色和款式都堪称完美，标价480元，这是我5个月的工资啊！

晚上，住在深圳大学宾馆。我在校园里漫步，满园的绿色，没有一棵树的叶子凋零，脚下翠绿的草坪散发着清香，所有的一切都如梦如幻，只有脸上流动的泪水告诉我，这是真的。

"太阳是一视同仁的，既能照到他人的宫殿，也不会躲过我的茅屋。"在宁静的校园中行走，我一遍又一遍地默念着莎士比亚的话。

我在自言自语，心在静静聆听：之前的太阳忽视了我的茅屋，之后的太阳再也不会躲过我的茅屋。我一定要改变，一定要过上心满意足的日子。

离开深圳后，我踏上了海南这块热土，并留在海口工作。后来，我的兄嫂及部分家人，甚至发小、闺蜜等十几人，先后投奔于我，也到海口工作，与我一样离开了边陲小城。

2015年夏季，时隔28年，我再次回到故乡喀什市，见到了不同时期的同学。初中毕业就开始工作的同学基本都退休了。有些同学说："再年轻十岁，我就随你再闯荡一番。"还有的同学说："真后悔当年没有勇气跟你走，否则也不会30年守在一个小单位。"

每次我去广州，站在大街旁，看着来往的人流，都觉得很亲切，也很感慨。这是我独自出远门时第一次爱上的大城

她
幸
福

市，我曾站在这座城市的大街上，立誓要改变自己的命运。如今，我做到了，也帮助身旁的人做到了。

现在22岁的儿子在中山大学读大三，他很喜欢这座城市，会留在这里工作。他不曾知道29年前，他年仅23岁的妈妈独自一人从大西北的边陲小城来到繁华的南方大城市闯荡。为了子孙后代生活得更好，历经千辛万苦，不仅改变了自己的命运，也为后代创造了一片新天地。这是大多数离乡者最真实的生活写照。

小时候问过自己：为什么我会生在那么远的古镇边陲？

仕途遇挫时，也问过自己：为什么我没有生在家世显赫的豪门？

年轻迷茫时，幻想过英俊富有的白马王子带我离开这个小城市。

谈婚论嫁时，幻想过遇到高富帅，嫁入豪门，相夫教子。

凡是女人都爱做美梦，都喜欢幻想美好的未来。

"命由己造，相由心生，境随心转，有容乃大。"命是父母赐予的，若是四肢健全、大脑聪颖，那是先天生得好，感恩父母吧。通过努力改变命运，那才是活得好。心会告诉你想要的生活、想去的地方。你只需听从心的召唤，不辜负心的引导，不忘初心，一路前行，就有可能心想事成。

一个人的一生，如果不曾去想，不曾去感受，不曾去体验，不曾去经历，生命将是苍白、单调而乏味的。生命的七彩斑斓将由你的经历和体验所描绘，将由你的故事和感受所书写，将由你不负此生、不负此心的修行所创造。

"世界这么大，我想去看看，顺便圆个梦。"人生是一场修行，一场与他人无关的一个人的修行，也是一场走向内心深处的修行。

"醉看红尘笑看花，岁月如斯人不同。"不负今生。

红尘之美是不负己心，此生足矣。

# 转身一刹那，机遇女神来了

初中时阅读英国著名女侦探小说家阿加莎·克里斯蒂（《尼罗河谋杀案》的作者）的著作时，看见一句话："你生命中的幸与不幸就在一念之间。"

琢磨半年后，终于悟出这句话的关键词——"一念"。

我对"一念"的理解：脑海中出现想法（念头）之后，想法和行为是否能同步，会产生"幸或不幸"的不同结局。当你有一个好想法，去做了，还把事情给做好了，结局就是幸运。而不幸运的结局在于：一是好的想法没去实施；二是想法本身不好，做也白做。影响"幸与不幸"的关键是"一念"的好与坏。

想到的每一件事都做好，遇见的每一件事都往好处想。"关注每一个好念头、让好念头涉及的事情也成为好事。"这成为我的思维习惯，一直影响着我的为人处世与待人接物。关注好念头，也帮我成就人生的好机会。

## 海南的第一桶金

1988年1月，我第一次踏入海南这块热土，成为第一批"闯海人"。海口的大街小巷涌动着到海南创业的人才，熙熙攘攘的人流中，大多都是各地前来闯海的"大陆人"（海南本地人对外省人的简称）。无论认识与否，人与人之间常常一见如故，很快就相识相知。那种热情奔放、满腔热忱的画面感，至今想来，心头都涌起一股暖流。

我在海口的第一份工作只做了三个月，随后换到一家外商独资企业工作一年多。

时光匆匆进入了1989年的夏天。

一次偶然的机会，我遇见一单生意，需要把公司报价信息的资料发给内地客户。当时的海口，除了酒店和邮局有电话和传真机外，绝大多数的家里都没有。有时，为了接打一个电话需要在邮局里排队等候。内地的许多机构也没有传真机，只能通过邮局寄挂号信。因而，发电报在当时成为一种快捷的联系方式。

为了尽快把资料邮寄到岛外，告诉对方生意资讯，我急忙赶到海口解放路邮电局发电报，这是海口最大的邮电局。但排队的人依然很多。当时烈日炎炎，办公人员不紧不慢，让等待的人群躁动不安。

我随着队伍缓缓挪动。这时，身后一位男士与我搭讪："你是江苏人呀？"也许是看到我手中电报单上的地址有"江苏南京"的字样。

"我不是江苏人，但我是江苏人的儿媳妇。"我略带幽默，用调侃的口吻回答这位先生。对陌生人搭讪不拒绝、与陌生人说话自然大方，一直是我的待人习惯。

这位先生继续说："我是江苏人，我们认识一下吧。我的工作是……"说着，递上了他的名片。

我微笑转身礼貌地接过名片，也顺势递上了我的名片，并顺口说到："我是做进出口贸易的，有机会请多联系。"

这时正好轮到我发电报，发送电报之后，匆匆与这位先生挥手告别。至于这位先生的面容，我当时记得并不清晰。

海口这个地方很特别。土地是热土，天空是热气，海水是热浪，人也很热情，人和人相遇后极易相识相知，很快成为朋友，甚至能产生生意，人与人之间的信任度很高。

时隔几天，晚上回家时，发现门上别了一张小纸条，原来是邮局偶遇的那位先生来拜访时留下的。纸条上除了说明他的居住地点，还说到客户有进出口业务的需求，希望我和先生能与他联系见面。

第二天下班后，我与先生前去拜访，大家见面后交谈甚欢。他介绍的客户所需求的货物正好与我们进货的货物完全一致，那一刻真切的体会到"踏破铁鞋无觅处，得来全不费功夫"。

随后，这位先生引荐我们与客户见面。谈判、签订合同、海关验货、提货、等待款项进账，一切都顺利完成。正所谓"心想事成"，冥冥之中，仿佛有一双神秘的大手在帮扶着我们。

在遇见这位先生之前，为了尽快找到这批货物的下家，谈个好价钱，尽早减少海关仓库的存仓费，尽早圆满完成交易，我近一个月的时间都处在寝食难安的焦虑状态，却又无可奈何，不知所措，似乎没有出路……

一个月前，我刚成立一家私营公司，我是法人代表。我已经把整个身家都投了进去，这是公司的第一笔生意，倘若做不成，未来可怎么办？真是生死存亡之际！

"众里寻他千百度，蓦然回首，那人却在灯火阑珊处。"

如今看来，与"机会女神"相遇就在一刹那间。一句调侃"我是江苏人的儿媳妇"、一个微笑转身接下的名片、一句"我是做进出口贸易的，有机会请多联系"的介绍话语，帮我留住了"机会女神"。

当双方合作顺利成交、对方提走货物之后，经历的又是漫长的等待货款进账时间。每天至少两次去银行问询，每次都叮嘱先生一定要提出五万元现金给我看一看。第五天，银行终于通知货款入账。我不敢到银行，委托先生去取现金，留在家中等候。先生回家时只取回1.5万元人民币的现金，银行根本就没这么多现金，必须分次来取。

10元一捆的人民币，一大捆半，我人生中第一次看见这么多现金堆在面前。这笔钱是我们挣的，是我们的第一笔生意呀！

我的第一桶金，是在邮局发电报的时候，偶遇"机会女神"而获得的。那位先生事后告诉我，正是我的言语行为，给他留下热情真诚、平易近人、与众不同的印象，让他有了与我合作的信心。

海口闯海第一桶金的故事，一直在我的朋友中传为佳话。

近十年来，我在研究积极心理学的过程中发现，积极心理学的核心思想是"正面思考"，就是强调人应当关注自己的正面念头。原来，潜移默化中，我已践行很久了。美好的事物是相通的，总会相遇。

2010年，我在第二部著作《心理健康法则》中写下："世上没有陌生人，只有你还没有认识的朋友，以及还没有见面的朋友。"

"不要与陌生人讲话"从来不是我的信条。我的惯性思维是正面思考，善于捕捉每一个好的念头，传递每一段好的交流信号，把他人和事物都朝着好的方面推想。于是，我遇见很多好人、好事和好机会，还有好运。

# 座右铭，我的护身之符

父亲写得一手好文章、一手好毛笔字。小学时，深受父亲的影响，我喜欢写作文，也像父亲那样留心和记录名人名言。当时阅读的书刊有限，收集到的名言警句也不多。

初一时，看见一句特别喜欢的话："坚定的目的性、坚持性、自制性。"我顿时觉得醍醐灌顶，我马上用美术字认真地描画好，贴在书桌前的墙壁上，时刻警醒自己。这句话成为我人生中的第一个座右铭。

"座右铭"本指古人写出来放在书桌右边的格言，后泛指人们激励、警戒自己，以作为行动指南的格言。历史上，许多古今中外的成功人士都有"座右铭"。

我的座右铭意在勉励、警醒和监督自己。贴在墙上，抬头看见，随时提醒。从那以后，我用几十年的岁月诠释着自己的座右铭。

坚定的目的性：做事要有目标、有意义、有步骤、有方向。

坚持性：做事应当坚持不懈，不能半途而废，不能止步不前。

自制性：无论外界如何纷扰，做事的计划应不为所动，脚踏实地，稳扎稳打。

这句座右铭跟随我足足四十余年。它是我最亲密的伙伴，最忠实的伴侣，一直督促我、陪伴我。第一个本命年，它来到我的身旁，陪我在迷茫中坚持读书求学；第二个本命年，它跟随我离开古镇喀什，独自一人，举目无亲地踏上闯荡海南商海的征程；第三个本命年之后，它随我来到北京，迈上求学读博的新台阶；第四个本命年，它又见证我实现儿时的理想，成为一名老师、一位作家。

早已记不清这句话从何处寻来。自从拥有这个座右铭，我的人生不再无趣、无味和无助，而是变得不惑、不忧和不惧。

有了坚定的目的性，我比同龄人更成熟，更知道自己该做什么、该怎么做；有了坚持性，在做任何事情的时候，我很少放弃、很少改变，也很少畏惧；有了自制性，我更加有能力抵御外在的诱惑。

最简单的诱惑是生活中的娱乐，比如玩游戏、打麻将、打扑克牌、看韩剧。

至今为止，我没玩过任何一款手机游戏，电脑游戏更是绝缘。玩游戏耗费时间，"浪费时间就等于图财害命"的警句一直在提醒我。

在海口电视台工作期间，同事们在机房外等待剪辑传片的时间，基本是用来打牌（玩争上游和千分等），而我总是津津有味地读着一本书或杂志。

追韩剧，不敢，没时间看电视、刷视频，成摞的书都看不完，哪有时间一把鼻涕一把泪地追剧呢？

也许有人觉得这样的生活太单调、少了很多乐趣。但是乐趣与收益只有成了正比，乐趣才有益处，欢乐才有质量。

世界分两种人，读书的人和不读书的人。前者活在时间里，可上下五千年，后者活在空间里，视野囿于周遭几里。

每当拉着行李箱，赶飞机、乘高铁，在全国各地讲课时，我心生感恩。若不是热爱读书、坚持读书，恐怕我的一生也就是毕业工作，在当地结婚生子，五十岁退休养老。所幸，我挣脱了庸俗生活的桎梏，一摞摞的书籍带给了我多彩和诗意的生活，一叠叠的书稿赋予了我激情和青春。

读书不会让人容颜不老，但是可以让我不怕容颜衰老和岁月流逝，使我心中的青春永驻。只要没老到看不到字，我就会继续读书，我会欣喜于每日仍能畅快读书，感动于自己的点滴进步。

2008年春，我在北师大辅仁心理中心学习心理咨询。一次，同学们分享彼此的爱好，大家的回答丰富多彩：美食、旅游、唱歌、锻炼、购物、烹饪等等，只有我的回答是看书。当时全班同学哄堂大笑，有的同学很惊讶地提醒我："你最喜欢做的事情是什么？"

"就是看书呀！"我坚定地回答。同学们默不作声。

同学们的爱好我都有，我也喜欢美食、旅游、唱歌、锻炼、购物和烹饪等，但阅读始终占据着我生命中最多的时间，排在最重要的位置。读书的时光把生活中的寂寞换成巨大的享受。唯有在读书中，我能获得最纯粹的快乐，让我逐渐成长为更好的自己。

她幸福

在没有品尝到读书的乐趣时，读书是枯燥、乏味、难懂和苦涩的。真正投入到读书中，用热恋的心去阅读，深入到书的骨髓中去探寻，方能透彻理解："书卷多情是古人，晨昏忧乐每相亲。"（明·于谦《观书》）

三毛说："读书多了，容颜自然改变。"读书能够在不知不觉中影响人的思考、逻辑、谈吐和待人接物。读书多了，心态和境界就会不同于常人，所谓"相由心生"，自然容貌看起来悦人悦己。杨绛曾说，读书会使你成为一个"有温度、懂情趣、会思考的人"。

有句话说得好："你现在的气质里，藏着你走过的路、读过的书和爱过的人。"实际上，你走过的路、读过的书和爱过的人不仅会提升你的气质，还会改变你的思维和命运。

读书会让极其普通平凡的人，变得愈加成熟而丰盈。读书的益处是修身、养性、明理、豁达。唯有读书，才能打破思想的壁垒，突破阶层的围墙，缩短拼搏的距离。

一个人若能活到100岁，差不多能活36500天。对于人类漫长的历史而言，这不过是沧海一粟。一个人要认识世界，离不开读书和学习。人生旅途中诱惑太多，行走的路上难免会迷失方向、违背初衷，成长的过程中可能会放纵自己、丢失自我。因而，我们需要从书本中汲取养分，摘撷出砥砺自己的名言警句，勉励和提醒我们。

座右铭是颠扑不破的，会在人生的每个关口和重要节点，提醒你、暗示你、警示你、辅助你、保佑你，让你明白自己的唯一性、责任感和使命感，帮助我们过一种无憾的人生。

无憾的人生是不给社会添麻烦、不让父母失望、不给自己留遗憾、不给后代找借口。

我的座右铭，经常默默地示意我："现在的生活是你想要的吗？"如果不是，马上去改变。为此，我从西北走到海南，又从海岛进入京城，茕茕孑立，形影相吊。孤独前行，却有着源源不断的动力。这动力来自于心中满载的书籍、父母的言传身教、恩人的谆谆教诲，还有始终不离不弃的座右铭。

合适的座右铭，会让人生变得丰盈、通透和喜悦，会让你变得完整、强大、有力、热爱、和谐、富有而幸福。

守护你的座右铭，坚信你的座右铭，它会成为你的护身符。

## 15岁梦想38岁事成

每个人都有梦想，少年时代的梦想最真实、最纯朴。我在少年时代就有一个北京梦。

长大想去哪工作？这个问题有人想得早，有人读大学时都没想清楚。初二时，我就有了答案。

一个月朗星稀的晚上，我和闺蜜站在西域古镇喀什市一家万人企业的家属大院，望着漫天星斗，两个女孩的思绪飘向了未来。

"长大后去哪工作？"

"去北京工作吧！"

"哇，太好了，就去北京工作。"我和闺蜜意见一致。

为啥当时的我们会想到去北京工作呢？

出生在六十年代的人们，上学的第一篇课文是"北京首都"，第一首歌是"我爱北京天安门"，记忆中最爱的人是伟大领袖毛主席，认知中最神圣的地方是北京……

长大后去哪里工作？除了神圣的首都北京，还能去哪儿？

我和闺蜜继续规划北京的工作，但结果并不乐观：

"我们去北京做什么工作？好工作咋会轮到我们呢？"

"没关系呀，我们可以在北京天安门广场做清洁工啊！"

"太好了，我们就做清洁工，专门负责打扫天安门广场，北京的清洁工好像都是开着清洁车在打扫马路的。"

"长大后去北京工作，在天安门广场做清洁工。"这就是我人生中第一份关于工作的梦想。那天夜里，我梦见自己开着一辆小巧的清洁车，在天安门广场前清洁马路。清洁车在我脚下缓缓行驶，微风轻抚着我的面庞，晨光洒在我的双颊，天安门前的五星红旗映在我的眼眸……

长大后，我工作了，但没做清洁工，也没在北京工作。我还是惦记着梦里工作过的城市——北京。

2002年国庆节，我和当年谈论梦想的闺蜜一同站在北京长安大街的人行道上，一边行走一边重提当年稚嫩的谈话，我俩禁不住放声大笑。

　　放声大笑是欣慰梦想已成真，自己已在北京工作，还是一名博士研究生；是感激懵懂的梦想，感激少年时代的激情碰撞和深藏心底的种子。虽然，发芽得有点晚，成长得有点慢，根却扎得很深，从未忘过初心。

　　梦想是什么？梦想，是对未来的期望，是坚持就能捕捉到的幸福，是一种深埋心底的信仰。

　　心理学认为梦想是内心深处的一个念头、一种情绪状态、一份渴望和热情。

　　怀揣梦想让人充盈，践行梦想让人澎湃，坚持梦想让人满怀希望。有梦想还不够，有规划也还不够，坚定的去实现梦想、勇于迈出行动的第一步至关重要。

## 我有一个博士梦

　　1982年高中毕业，我所在学校的重点文科班几乎全军覆灭，只有三四位同学考上大学本科，其他同学都是专科。

　　当时在华东师范大学读本科的长兄正好毕业回家，拿回一本学士学位证书，我羡慕不已。捧着"物理学学士学位"证书，抚摸着封面亮闪闪的烫金大字，我好奇地问道："大哥，四年大学读书拿到一个学士学位，继续读下去还能拿到什么呀？"

"再读三年，可以拿到硕士学位证书。"

"再读呢？"我继续问。

"再读三到五年，可以拿到博士学位证书。"

"噢，啥时我能成为一名博士就好了。"我把长兄的学士学位证书紧紧贴在胸口，一边喃喃自语，一边偷偷幻想。

不知当时听我此言的长兄会作何感想，也许会想这个本科都没有考上的妹妹，竟然不自量力地幻想自己何时能成为一名女博士。

我"成为一名女博士"的梦想诞生于18岁。当时是不经意间的脱口而出，但向来喜欢做美梦的我，从未放弃过遐想。何时成为一名女博士呢？我离女博士的距离还有多远呢？

随后的二十年，有太多太多失眠的夜晚。有时候我在胡思乱想，有时候我在暗自规划，但更多的时候我在不知疲倦地阅读和学习，或是为了备考，或者只是为了提升自己……

20年岁月匆匆飞逝，38岁那年，我终于如愿以偿成为中国地质大学的一位女博士生。依稀记得这届220多名博士研

究生中仅有20位女博士。

那年秋天，我在央视四套《让世界了解你》栏目策划了一期关于中西方女性的访谈节目，偶遇栏目组一位姓马的副导演姐姐，这位姐姐随口问我最近在忙什么，我脱口说道："最近挺忙的，一边工作一边上课读书。"

"你在读什么？研究生还是MBA？"马姐姐来了兴致，追问道。

"我在读中国地质大学的博士。"我说。

"啊，你在读博士，你是一个女博士呀？"她惊喜极了。

马姐姐惊讶地看着我："天呐，你是我至今见过的最美的女博士。"

这句"你是我见过的最美的女博士"，令我感到特别释怀。从十岁起，我就知道自己属于既不漂亮也不可爱的类型。小时候大人们见到我总会说"这个女孩气质好"，长大后又说我"气质超群"。如今竟然有人说我是她"见过的最美的女博士"，真是太长我的自信呀！

女博士在今天未必稀罕，但在2002年，女博士还是稀缺物种。当时曾盛行一种说法：世界上有三种人，男人、女人、女博士。

在人们的印象中，女博士要么是灭绝师太，要么就不食人间烟火。长得好看、又会穿戴打扮的女博士在当时并不普遍。

三年前我看见过这样一段话：

对于一个女人来讲，博士真的是很值得一读。如果你能顺利毕业，你会获得文凭；如果你未能顺利毕业，你会练就一个无坚不摧的灵魂；如果你能在这条路上和某人走向婚姻殿堂，恭喜你找到了一个能容忍你终极癫狂状态的人；如果你在这条路上终于走成一个人的旅行，恭喜你剩下的路有没有男人已经无所谓了……

我曾在微信圈发过这样一段话：

上天总是公平的，昨天给你多大的磨难，后天就给你多大的幸运。今天在看不见光明的时候，就学习做个蒙眼的驴子吧，专注脚下的土地，坚守苦难的磨盘，一圈一圈地走着，一步一步地寻着，绝不放弃。幸运是磨出来的，磨碎了苦难，才能酿出幸福的琼浆玉液。

无论在初中关于到北京工作的梦想，还是18岁时关于女博士的梦想，我都过关斩将，一一实现。

喜欢梦想，喜欢惬意地遐想，喜欢充满激情地追梦，维系和成就了幸运的能量世界，也成就了心想事成的自己。

马云说："梦想还是要有的，万一不小心实现了呢?"

很多人都有过梦想。有的梦想早已被遗忘，有的梦想还在路上。继续前进吧，不改初心，不忘梦想，一切都会更有意义。

# 运气好是你遇对了贵人

"运气"在《现代汉语词典》（第7版）中的解释是"命运"。直白地说，运气就是时机、幸运或机遇。遇事用心，待人真诚，好运气就会随之而至。

2001年春天，我在中央社院学习期间参加了北京女企业家协会的年会。当时，主席台上坐了好几位德高望重的大姐。但我的眼睛却紧盯着那位带着书卷气、气质超群的大姐，桌签上写着"史清琪"。我赶紧问身旁的朋友，原来这位史清琪大姐是中国女企业家协会法人代表、常务副会长、博士生导师、原国家计委产业所所长、经济学家。

得知眼前这位女神级人物背后带着这么多闪亮的标签，我崇拜偶像的心理澎拜汹涌，恰如"粉丝"遇见了"明星"。

我已经无心会议的内容，始终目不转睛地望着史会长，将她的一举一动、一言一行、一颦一笑铭记在心。大会主持人宣布会议结束的话音一落，我就起身冲向主席台，快速将手上早已备好的名片递给史清琪会长："史大姐，您的发言太棒了，认识您很荣幸，这是我的名片，您能给我一张名片吗？"

"认识你我也很高兴，哦，海南来的朋友呀。"史会长一边看我名片，一边也递来了名片。

"这是您的手机号？我记住了，我随后会向您讨教的，请您记住我的名字呀，今天认识您太幸运了。"我紧紧握着史会长的手。

这时身旁已有其他人围过来，我赶紧又补一句："史会长，我特别崇拜您，喜欢您！不打扰您了，今晚我给您打电话。"

不曾想，这一刹那的相遇，改变了我的人生轨迹。

当晚，在期待中我拨通了史会长的电话，相谈甚欢，足足聊了40多分钟。随后的第五个月，我来到北京，在中国女企业家协会担任宣传部部长。再随后的半年，我报考了中国地质大学史清琪教授的博士研究生；五个月后，我顺利入学，就读中国地质大学的博士研究生。2007年夏我完成了工学博士学位，读书五载，跟随史会长工作两年。

这段经历有点传奇色彩。有人会说，你遇见贵人了，遇见了好机会，你运气很好，真幸运！

我常说："一个人能成为他人的贵人是因为有能力；一个人能被贵人看上是因为有本事。有能力的人，能成为他人的贵人；有本事的人，能得到贵人的帮助。让自己足够优秀，伴随的是机会，迎来的是幸运和贵人。"

任何一件事情的成功，背后都少不了推手和贵人。

史清琪会长不仅是我的贵人，还是导师、妈妈和恩人，让我的人生蜕变、升华。

借此机会，我再次感恩当年鼎力推荐我来京工作的两位贵人姐姐，卫凯征和章希怡。

拥有贵人是人生幸事，每个人都有机会遇见贵人。当贵人出现时，不少人只是远望或迟疑，而我却奋不顾身地"追星"，锲而不舍地跟进，死心塌地地跟随，让一瞬间的相遇成为一生的相伴。

回顾当年遇见史会长的时候，我除了目不转睛地注视，不顾一切地冲向主席台，当场表白崇拜之情，重复提示自己的名字，当晚还趁着史会长对我记忆热乎的时候赶快拨去长长的电话，随后就是执着地联络，把小粉丝对大偶像的所有爱戴和依恋表露无遗。

遇见自己崇拜、敬爱的人不腼腆和迟疑，也不羞于表达，而是大方地表白，这种性格的培养要感恩生命中的贵人——我的父亲。

父亲是做事谦虚、为人随和的人。

小学时有个让我记忆颇深的故事。

夏天，杏子熟了，爸爸带我去菜市场买了一篮子杏子，高高兴兴往家走。途中，遇见一位熟悉的叔叔与爸爸打招呼，爸爸笑眯眯的说："老张，来尝几个杏子吧，刚上市的，很新鲜。"

说话间，爸爸把篮子放在地上，打开盖在杏子上的新鲜杏树叶，示意叔叔来拿杏子。张叔叔蹲下身子，从篮子里拿出杏子，放进嘴里："嗯，太新鲜了，真水灵，很甜呀，好吃呀。"

只见张叔叔一个又一个地把杏子往嘴里塞，一边吃一边夸，完全忘记爸爸只是客气的"来尝几个杏子吧"，也忘记这篮杏子是我家买来自己吃的。我站在爸爸身旁，看着狼吞虎咽、一直低头狂吃的张叔叔，再看看一脸微笑的爸爸，心里那个急呀。

我忍不住拉扯一下爸爸的手，爸爸似乎明白我的用意，他握紧我的手，轻轻地揉搓着，安抚我焦急无奈的情绪。

张叔叔吃杏子的画面让我印象深刻。十几个杏子一会儿就到了张叔叔嘴里，装着满肚子的杏子水，看着一地的杏子核，张叔叔这才回过神，满足地抹着嘴说："哎呀，不好意思，这杏子实在太好吃了，我竟然吃了一半，这、这、这真是不好意思呀。"

"哈哈哈，喜欢吃就好，喜欢吃就好。"爸爸憨憨地应声到。

回家之后，爸爸被妈妈训了一顿。七十年代，一篮子新鲜杏子要花不少钱呀。我心里也觉得爸爸做事太随和，为人太谦让，甚至有些"窝囊"。为什么不"阻止"他人的过分行为呢？为什么让爱占便宜的人得逞呢？为什么总是那么好说话呢？

几年后，我上了初中，与爸爸再提此事时，爸爸说了很多做人处事的观点，我铭记在心：

他人对你不装客气，说明没把你当外人，这是对你最好的信任；

你遇见的每个人，都有可能成为你的贵人和恩人，与他们见面时，就要把他们当贵人和恩人一样对待；

你对人好一点、多付出一点，不会吃亏的，你付出的好处，他人都会帮你攒着；

遇见你尊敬和崇拜的人，要直截了当地告诉他，真心实意地跟着他，做个小跟班不丢人；

你不是喜欢随和、亲切的人吗？那你就做个这样的人吧……

子曰："其身正不令而行，其身不正虽令不从。"（《论语·子路》）望子成龙之心父母皆有，教子成才之法，却非人人都会。父母做事做人的品德，在言传身教，潜移默化之中，如春风润物细无声般，造就子女的教养，铸就子女的生命基石。

在家里有父母的教诲：为人随和谦虚，做事乐施好助，积攒好人缘；在职场和学界有导师的教导：谦虚低调做人，严谨务实求学，积累好学问。接受了这些教导，冥冥之中，好运、好人和好事就会如影随形。

# 为啥我们会迷信"算命"

2001年秋，我刚来北京工作，特别喜欢结交通晓易经的朋友，身旁也拥有几位大师级的人物。

半年之后，我报考了中国地质大学的博士研究生。当时工作忙碌，复习时间紧迫，对于能否通过考试，心里忐忑不安。一位朋友给我介绍了"通灵"的易经大师。"找大师算一算吧，这样能解压。"于是，我与大师见面了。

印象很深刻。一见面，这位易经大师把我夸奖一通，断言我今后发展很好。当时我的警觉性很高，自信不会轻易被他人说动，表现出一副若无其事的样子。

但我还是急切地想知道下个月的博士考试是否能通过。

大师慢悠悠地说："会有点坎坷，但是最终你会心想事成。"

我心中还是不安，继续追问："我到底能不能成为一名女博士？"

"会的，如果今年不会，明年也一定会，你这一生中成为博士是肯定的。"大师坚定地说。

最后，我当年顺利考上博士，只是入学有些小波折。

事后我经常回想与大师接触的过程，希望分析出他为什么算的这么准。

这十年里我在潜心研究积极心理学，做过四五百起心理咨询。每次面对来访者，第一眼我就能大概分析出对方属

035

第一章 美丽人生：爱的能力

于那一类人；来访者讲述一会儿心路历程，我就能判断对方的问题和症结所在，并给出最优解决方案。有时我私下里琢磨：自己怎么有点算命先生的感觉呢？

近几年研究微表情，观察来访者的言谈举止、表情变化，心里也能八九不离十的判断出对方的心思。难怪人们常常觉得研究心理学的人能看清别人的心思，甚至会给人算命。其实，会看人、感觉准，这是心理学工作者长期的职业习惯和业务素养，类似于传统医生的"望、闻、问、切"，只需观望一下，心中便能大致明白症结所在。

如今再回头分析当年那位大师的预言，我大概已经明白了他的判断思路。所谓"你这一生中成为博士是肯定的"，一位38岁的女人抛家舍业来到北京，信誓旦旦要考博士，言谈举止中无不显露一种破釜沉舟的决心，在这样的情况下成功的几率是很大的。

所谓"过程会有点坎坷"，也是自然，因为以我当时的情况参加考试，势必要克服很多困难。

所谓"今年考不上，明年肯定考上。"我高中毕业时就已经下定决心，所以绝不会轻易放弃，今年考不上，明年肯定还会再考，两年的机率更大。

其实，大师也好、算命先生也罢，本身就是心理咨询师。他们知晓来访者的诉求、懂得社会发展的规则，会用最模棱两可而又贴切吻合的话语，给来访者舒服而得体的答复，说出来访者心中盼望的答案。

心理学家雷伊·海曼曾经是位魔术师，改行后做了主观验证的研究专家。最初，他发现每天玩扑克耍花样赚不到什么钱，于是他尝试着给人看看手相，做做"心理辅导"。海曼使用的是占卜师、通灵者等人常用的"冷读法"，即不需过多言语，仅通过对细节的观察，来对客户进行分析，比如看到穿白褂，满身葱油味儿的，这人八成是个厨师。然后根据交谈中客户眼神、表情与动作的反应，揣摩出对方的真实想法。几个回合下来，海曼便对来访者有所了解，这时就可以做出一些靠谱的分析。有时分析中难免会有纰漏，但咨询者往往只愿意记住他们觉得说得对的观点，而忽视漏洞。

很快，海曼的心理辅导获得了客户们的绝口称赞，甚至他自己都开始相信超能力。

这时，另一名心理学家斯坦利建议："你下次给人看手相时，可以试着与你原本想法完全相反的方向说。"结果让人大感意外，前来心理诊所的人依旧很满意。海曼总结出，冷读术是很管用，但不用这些伎俩，一样可以把客户忽悠地团团转。

这时海曼如梦方醒，原来自己并不是通灵专家。不管自己说什么，对方总会对号入座，信以为真。这些客户赞同海曼的咨询，只是他们脑海中的主观验证罢了。

人类会本能地欺骗自己。帕斯卡尔说，人是一棵会思想的苇草。沧海桑田，宇宙浩瀚，苍茫天地间，脆弱的人类正是凭借着独一无二的思考力才延绵不绝。我们在思考时总是趋利避害，捕捉有利于己的片段，自圆其说，坚定信念，面对挫折而继续前进。为了寻找希望，我们关注符合内心召唤和期待的声音，自动忽略和屏蔽不利的信息。

游览名川大寺，很多游客热衷于烧香拜佛、给信物开光。被开光的信物佩带在身，或放于屋内，似乎菩萨常伴左右，保佑自己。其实，这在无意间种下了积极的心理暗示。我们持续接受积极的心理暗示，不断感知内心的希望和期盼，不知不觉感到安慰和愉悦。

2006年，我随几位朋友到九华山拜访一位比丘尼。这位比丘尼六十多岁高龄却有着四十多岁的容颜，我们都崇拜不及，艳羡不已。比丘尼师傅询问有什么需要和帮助，我提及经常腰疼。

比丘尼师傅说："你随我来，我送你一个信物，将这个金刚圈佩戴在手上，能保佑你消除腰疼，身体健康。"

金刚圈？当时我的脑海中出现了各种各样款式的金刚圈，会是哪一种呢？带着崇拜的心情，我跟随比丘尼师傅来到大殿菩萨像下的供桌前。师傅缓缓拉开沉重的抽屉，拿出一根普通的红色线绳，打了个结，郑重其事地拉起我的左手，把红线绳绑在我的手腕。

"这个金刚圈会保佑你腰部康复，要一直戴着它。"师傅说。

我慎重地点点头，谨慎的问道："需要表示多少心意？"

"不多不多。"主持伸出一只食指向我示意。

我当即问了身旁懂规矩的朋友，他提示我需要尽一千元的心意。

离开比丘尼师傅的九华山寺庙回家后，腰部的疼痛还真是有所减轻。于是，好事的我便常常向周围的人推荐九华山的比丘尼师傅：这个金刚圈太灵验，我的腰好了许多，你们有空都去九华山吧。

第二天晚上又开始腰痛得难以入眠。

躺在床上的那几天，我不停地看着手腕上的"金刚圈"，心生不爽。家人都说剪了吧。"剪了吗？不剪！"这根红线绳在我的手腕上戴了八年，红色褪去，依然不摘。每当看着这根红线绳，我就告诫自己：赶紧去锻炼吧，这是一个正面的理由。从此，我坚持锻炼的习惯延续至今。

红线绳也好，金刚圈也好，只是物件而已，但却是带着积极心理暗示的信物。信物的背后有故事、有教训、有警示，关键取决于你怎么想、如何做。倘若你把事情或物件归为坏东西，心生抱怨，它就带来消极影响；反之，若你把事情或物件视为好东西，它就能带来正能量。

俗话讲，求人不如求己。你才是自己命运的主人。当你有一技在身，饱读诗书，才高八斗，对自己的未来必定是胸有成竹、无所畏惧，何须算命呢？从今天起，做自己命运的主人，撸起袖子加油干吧！

# 压力大，你没活在当下

40岁那年，博士课程已读到二年级，我还没做开题报告，整天忙于工作，根本没时间写博士论文。身后有一双正在读小学的儿女，还有被确诊为帕金森症的妈妈。四面楚歌、压力山大，似乎一踮脚尖，沉重的天就会压在自己头上。

周末时闺蜜带我参加活动，引荐一位活佛。我面对身披袈裟、面露慈祥的活佛，似乎看见了希望。于是，我谨慎地向活佛讨教，讲述自己读书、育子、尽孝和工作诸多方面带给我的重重压力。

我问活佛："我该怎么办？"

活佛看着我，云淡风轻地说了句："你没活在当下。"

"什么是活在当下？"我不得其解，颤颤巍巍地问。

对于我的追问，活佛现身说法、讲经布道，嘴不停歇地讲了一长段。依稀记得活佛说话时嘴唇按照节奏一张一合，但我一句都没有听懂，根本就记不住，只记得"米米哒、米米哒"的声音在耳畔萦绕。

43岁，我博士毕业，顺利戴上博士帽。那年无意间邂逅积极心理学，便一股脑儿钻研其中，深耕不止。45岁时，我出版第一本著作《幸福法则》。直至彼时，我才真正晓得何为"活在当下"。

一天，有位同事的女儿来拜访我："王老师，我觉得自己有心理问题。"

"你怎么了？"我关切地问。

"我上课经常走神，甚至有次考试，因为我总想其他事，差点耽误了。睡觉前我的脑袋里总是出现很多人和事，让我难以入眠。"女孩儿委屈地诉说着。

"你没活在当下。"我回答道。

"王老师，什么是活在当下呢？"女孩儿很是不解。

望着这位16岁的花季少女，我想到自己40岁时也不明白，却让阅历尚浅的女孩来参悟，的确是太为难她了。

看着女孩的腕表，我问她："你手上带的表，是看什么呀？"

"看时间的呀！"女孩忽闪着一双大眼睛。

"你看的是什么时间？你用四个字的一个成语形容一下。"我继续引导她。

女孩低头思索一下，回答道："此时此刻！"

"对了，秒针指的就是此时此刻，活在当下就是活在此时此刻。就像你手表上的秒针，前面一秒是过去，后面一秒是未来，秒针目前的位置就是现在，就是当下。"我耐心地解释。

活在当下，就是专注于此时此刻的事情，在哪里做好哪里的事情，吃饭就是吃饭、上课就是上课、睡觉就是睡觉。活在当下，就是要你只专注于正在做的一件事情，而不去想其他的事情。如果你入睡时在思虑其他、考试时游离在题目之外，便是没有活在此时此刻，也就是没有活在当下，自然不能把此时此刻的事情认真做好。

女孩眨巴着一双大眼睛，笑着说："明白了。"

我的一部分学生是心理咨询师，作为心理督导需要经常解答她们遇见的困惑。有位学生向我哭诉："王老师，我最近有点抑郁。"

"怎么回事？你遇见什么事情了？"

学生苦笑着说："最近一直在跟踪和辅导一位抑郁症患者。也许太投入，夜里做梦全是来访者的故事，白天精神状态也不好，郁郁寡欢，索然无味，觉得好像被来访者'附体'了。"

"你没有活在当下。"我回答。

"王老师，怎样才能做到活在当下呢？"学生满脸疑惑。

我反问学生："酒店卫生间的清洁工，他们的工作是做什么的？"

"打扫和清洁酒店卫生间呀，让卫生间始终保持洁净。"

"她们下班之前都会做什么？"我问。

"换工作服、洗手，把自己收拾得干净点。"

"然后呢？"我继续问。

"然后就下班回家了。"学生说。

"就这样走了？她们好像有东西没带上呀。"

"还有东西没带上？没忘记什么东西呀。"学生皱着眉头再问。

"她们还要处理做清洁整理好的一包又一包的垃圾袋呀。"

"那些垃圾袋是留给环卫工人拉走的。"学生说。

"不对,清洁工的工作就是清洁卫生,清洁后的垃圾袋必须在下班之后带回家,因为他们是清洁工,任务就是打扫卫生清洁垃圾。"我坚持说。

"王老师,您太会说笑话了。"

"这不是笑话。作为一名心理咨询师,你的任务就是帮助和引导来访者找到问题和症结,帮助他们变得更好。完成咨询工作之后,来访者离开了,你却把来访者的问题和垃圾都背到自己的肩上,左思右想,夜不能寐,这就是没有活在当下,没有做到在哪里做好哪里的事情。工作是工作,下班是下班,离开来访者之后,你依然怀揣着她的故事和问题,你的问题也就因此出现了。"我耐心地解释。

学生恍然大悟。

很多人不快乐的原因在于,没有做到在哪里就做好哪里的事情。上班想家里的事,在家里又顾虑上班的事,结果两边的事儿都没有做好。

电影剧组或电视台在录制节目的时候,副导演手上会拿着场记牌,上面写着即将开拍的电视脚本的内容提示,导演一声令下"开始",手持场记牌的副导演"咔嚓"把场记牌一亮,摄像机和演员们各就各位,开始工作。"咔嚓"一下,当下开始了。我们每天也是如此,在不同的"咔嚓"声中开始不同的人生场景。

人生要经历许多事,遇见许多人。"牢骚太盛防肠断,风物长宜放眼量。"记住该记的,忘记该忘的,学会翻篇。

积极心理学在研究中发现,幸福的人,活在当下。他们拥有三种境界:感恩过去,专注当下,希望未来。

# 说说爱情那些事儿

"关关雎鸠,在河之洲",《诗经》以爱情开篇。爱情是流传久远、亘古不变的话题。

但我们很少琢磨:为什么会喜欢另一个人?

为什么会有一见钟情?

为什么你看不顺眼的那个人却对你一片痴情?

为什么我们会对某个人耿耿于怀、念念不忘?

为什么难以忘怀的美好只在热恋阶段?

为什么大多数人的爱情都走向亲情?

为什么婚后的现实与热恋的缠绵如此不同？

带着这些困惑，让我们一起来探究爱情的背后推手。

## 爱神丘比特的金箭和铅箭

说到爱情，一定要说一说古希腊神话中的人物：爱神丘比特。

小爱神丘比特是战神阿瑞斯和爱神阿芙罗狄忒的儿子。小爱神丘比特一直被人们喻为爱情的象征。

我们印象中的小爱神丘比特，整天拿着箭飞来飞去。丘比特特别顽皮，身上长着一双闪闪发光的金色翅膀，经常手拿弓箭，四处漫游，乱射一通。一旦他的箭射向男女的心里，他们之间便会深深相爱。其实，丘比特的箭有两种，一种是金箭，一种是铅箭。当金箭射入人心时，会产生爱情，并促使相爱的人走向婚姻；但是当铅箭射入人心时，相爱的人会产生厌恶，甚至分手和告终。

有一次，太阳神阿波罗在奥林匹斯山下散步，正好遇到拿着弓箭的丘比特。于是，阿波罗很得意地说："孩子呀，我这把箭能射死狮子、老虎和其他非常凶猛的野兽，比你的可威风多了。"

其实阿波罗并不知道，丘比特的弓箭特别神奇、锋利，更不知道丘比特的金箭射入心里，这个人就会爱上他面前的

异性，进入一发不可收拾的狂热状态。当然反之，如果铅箭射到人的心里，这个人就会坚定不移地拒绝。

面对阿波罗的出言不逊，丘比特决定惩罚他。当阿波罗走到河神女儿达芙妮旁边时，小爱神悄悄地瞄准他们，先用金箭射中阿波罗，然后用铅箭射中达芙妮。于是一场惊心动魄的爱情悲剧开始了。

阿波罗爱上了达芙妮，达芙妮却一点也不喜欢阿波罗。一方热烈如火，一方冷漠似冰。无论阿波罗怎么表达深沉的爱慕之情，达芙妮始终是不为所动，不理不睬。而且为了断然拒绝阿波罗的纠缠，达芙妮让她的父亲河神把她变成桂树。可怜的阿波罗眼见心爱的姑娘变成冷漠的树，搂着那棵桂树号啕大哭。为了表达对达芙妮的怀念，阿波罗从此扔掉了原来的橡冠，戴上了用桂树的叶子编织的帽子，从此头戴桂冠成了阿波罗的标志形象。这也是桂冠的来历。

我们感受到这样的道理：爱情何时飞来？不知道！射中你的箭是金的还是铅的？不知道！出现在你面前的异性是谁？还是不知道！你的爱情之树究竟何时会结满果子，是欢乐的蜜果还是苦涩的青果？答案还是不知道。爱情是如此难以捉摸，却又让人牵肠挂肚。

据说，小爱神丘比特在射箭时，经常蒙着眼睛。难怪人们会认为爱情是盲目的。

为什么男人和女人会产生爱情？

有人说：人与人之间相处久了就产生感情，感情久了就产生爱情。也有人说：男女之间的爱情是性、喜欢和爱的混合物。还有人说：爱情就是一见面就喜欢，就是一见钟情……

# 爱情背后的推手

科学怎么解释男女之间爱情的原因呢？

医学研究发现，当男女双方第一次相互产生好感时，身体会分泌性荷尔蒙，男性是睾丸素，女性是雌激素。当欲望持续发展进入热恋程度，大脑会分泌多巴胺和羟色胺，这些化学物质是男女之间产生爱情的重要因素。

科学认为，爱情就是大脑中的化学反应。爱情=荷尔蒙+多巴胺+睾丸酮+肾上腺素。

爱情背后的推手是爱情兴奋剂。

## "爱情兴奋剂"

当男女一见钟情并相爱时，大脑源源不断地分泌多巴胺，便有了"恋爱"的感觉。荷尔蒙代表欲望，多巴胺代表感情。羟色胺的分泌会暂时让人失去理智，看不清对方的缺点，所以热恋中的爱情变得盲目。女性很痴迷，男性很疯狂，双方智商降低，这是羟色胺在起作用。

当多巴胺发生作用时，我们彼此会觉得"幸福"，在"多巴胺"短暂"激情"的错觉下，会认为"爱情"是一辈子，会渴望"幸福"一直延续……

不幸的是，我们的身体无法一直承受这种类似"毒品"的成分的刺激。一个人的心跳、激情不可能永远处于高强度、巅峰状态。随着时间的流逝，身体的新陈代谢让"爱情"感觉持续一年半到三年，之后，荷尔蒙和多巴胺的分泌逐渐减少并消失，我们痴迷的"爱情"也随之消失。

专家说，爱情其实是大脑中的"化学鸡尾酒"，是由化学物质多巴胺、苯乙胺和催产素促成的，时间长了，人体便会对这三种物质产生抗体，经过两年左右的时间，"鸡尾酒"便会消失。

当相爱的人在一起享受爱情，把共同体验的爱情当成习惯时，双方开始涉及婚姻，随后大多数人的爱情都变成亲情。还有另外一种结果，就是分手。分手的某些原因就是那些化学物质的消失。在一起的时候，"爱情兴奋剂"的消失让人感觉不到兴奋、心跳和激动，最后的结局就是分手。

这几项化学物质到底都有什么特色？

## 先看看荷尔蒙

荷尔蒙是一种激素，是动物或植物体内的化学信息物质。激素是人类生命中的重要物质，希腊文原意为"奋起活动"，它对机体的代谢、生长、发育、繁殖、性别、性欲和性活动等起着重要的调节作用。

激素在医药的使用中可以减少患者病痛，在短时间内缓解病情，在病痛初发期会达到比较明显的效果。但是使用过激素的人可能都知道，激素很容易使患者上瘾，从而产生依赖性，因而，激素也被称为魔鬼。当然，爱情中的激素也有魔鬼一般的魅力。当男女互相喜欢的时候，激素使两个人加快感情的触动和彼此间的依赖。

## 再说说多巴胺

多巴胺是一种神经传导物质，用来帮助细胞传送脉冲的化学物质，由脑内分泌，可影响一个人的情绪。2012年，雅典的科学家埃里克·坎德尔确定多巴胺为脑内信息传递者的角色，因此，他赢得了诺贝尔医学奖。多巴胺主要负责大脑的情欲，将兴奋及开心的信息传递，也与上瘾有关。

多巴胺在影响情绪的过程中让人感到兴奋，传递开心激动的信息，激发人们对异性的情感。简单说，多巴胺就像丘比特的箭，一见钟情时，恋爱的兴奋剂就源源不断地分泌。于是，男女间就有了爱的感觉，恋爱的甜蜜会陷入眩晕、甚至不可自拔，旁人却能够发现，这正是当局者迷，旁观者清，恋爱的人非常容易被识别。

人类的特点是容易贪恋美好的事情。多巴胺带来的幸福使人上瘾，它如同吸烟、酗酒一样，带来飘飘欲仙的感觉。

## 认识一下苯乙胺

苯乙胺是一种生物碱与单胺类神经递质。苯乙胺的特点是提升细胞外液中多巴胺的水平，同时抑制多巴胺神经活化，治疗抑郁症。在医药过程中，苯乙胺最重要的是用于药品以及燃料的中间体。

我们熟悉的很多药品中都有苯乙胺的存在。兴奋剂、迷幻剂、摇头丸，降食欲的芬他命、芬氟拉明，支气管扩张的药物沙丁胺醇、麻黄碱，抗抑郁的速悦、安非他酮等。在抗抑郁和促进多巴胺提升的过程中，苯乙胺起着重要作用，产生神经变化。

## "爱情激素" 惹的祸

爱情的推手是"爱情激素"。人类作为社会动物，当遇到心动之人时，产生心潮澎湃、热情似火的感觉，身体也会随之发生变化，释放"爱情激素"。

这是不是类似"毒瘾"的形成机制呢？好在人类的大脑能够根据环境、事件和性质的不同区别"瘾"与"爱情"。

爱情可以使人痴迷。吸烟有时候也能上瘾，但毒品千万不要沾，因为毒品沾过之后容易上瘾。如果想吸毒，不如去恋爱，因为恋爱依然会让你产生飘飘欲仙、快乐的感觉。

# 你的 "婚姻之鞋" 合脚吗

有句话说的好：婚姻如鞋，舒服与否，只有自己知道。所谓"如鱼饮水，冷暖自知"。鞋子是否合适，只有脚知道。"婚姻之鞋"亦如此。

## 婚姻如鞋

鞋子不合脚，可以舍旧换新；婚姻不和谐，可不能说换就换。婚后感觉"婚姻之鞋"不合脚、不和谐，怎么办？

慢慢磨合，让脚去适应鞋吗？有的人一直穿着一双不合脚的鞋，凑合着，脚会被磨得鲜血淋漓、老茧重重，在麻木中适应。也有的人觉得太委屈，哪怕"净身出户"、赤着双脚，也要为自己换上舒服的新鞋。

什么样的婚姻可以维持？怎样去接受已经穿在脚上的鞋？我们需要再问自己一个问题：双方是否都觉得成为对方生命的一部分？

男女从最初的素不相识，到相知相爱，经历激情燃烧的热恋，又进入你中有我、我中有你的痴狂。两个完全没有任何血缘关系的人坚定相信：你就是我的一部分。

一种是彻肌彻肤的爱，一种是牵手行走的爱。

## 彻肌彻肤的爱

男女彼此感觉到自己的生命已经重建在另一个人生命之中。这种爱，如果被割舍、遗失，结果是伤筋动骨般的疼痛，甚至伤及生命。这样的爱是一生一世，没有选择和比较，只有适应和唯一。

## 牵手行走的爱

牵手行走的爱具有阶段性。一方感觉自己需要另一方的时候，会不顾一切地去追求，千辛万苦，在所不辞，这种猎物捕食的激情很短暂。当获猎之后，一方的眼睛又会移向其他人群，扫射着新的欢喜目标，在攀比、挑剔中伤害面前的伙伴。这种阶段性的爱，需要时就在一起，不需要时就闹别扭、闹情绪、闹分手，最后只有劳燕分飞。

如果你们进入"彻肌彻肤之爱"，你们的"婚姻之鞋"可以调试到合脚状态。你们会爱对方、维系婚姻而去改变自己。如果是阶段性的"牵手行走的爱"，经常地计较对方、攀比他人，挑剔对方，这样的"婚姻之鞋"无论怎样调试，也很难找到合脚的理想之鞋。

## 婚姻中，你想要什么

婚姻和谐的前提是双方愉悦。愉悦的基石是你找到如意郎君，他也很中意你。两人如伙伴一样：吃到一起、玩到一起、说到一起、想到一起、做到一起，基本"三观"不冲突。伙伴间的关系是平衡和互补的。

如果一方太强势或太弱势，伙伴结构就容易失衡。当然，强势主要是指态度和行为方面。婚姻背后产生隐患的症结在于：我们总是和对方的优点谈恋爱，却和他的缺点生活在一起。

爱情是一场没有硝烟的战争，里面没有对错和输赢，只有心碎和泪水。在和谐的婚姻乐曲中，特别重要的旋律是彼此了解，知道对方喜欢什么、需要什么。

如果不了解也不能满足，或者视而不见对方的需求，那么，伙伴之间的和谐就会"千里之堤，溃于蚁穴"，逐渐走向"不幸福"的婚姻雷区。

女人认为男人会改变才和她结婚，男人认为女人不会改变才和她结婚，结果他们都错了。

在婚姻中，许多人想去改变对方。其实，这很困难，这种想法也很蠢。与其琢磨着改变对方，不如先尝试改变自己。了解自己的需求，对方的需求。如果你真的爱对方，就努力去做，满足他的需要，让他感动。让你的爱影响并感染你们的婚姻。如果他的心就似"蛇吞象"，那么，你可以考虑换一双新鞋。

婚姻不是生命的唯一，但有婚姻的生命会更加绚丽多彩。

# 男人最爱，是女人的赞美

当妻子对丈夫说："你无论如何也不会成功"时，这个女人不仅掩埋了自己的希望，同时也可能促使丈夫实现这句话，走向失败。

"每个男人的内心都住着两个灵魂，"一个是真正的自己，一个是理想中的自己。聪明的女人既能帮助男人成为理想中的人，也能使自己成为男人心目中的女神。

对于原本羞怯的男人来说，女人的肯定就是他的力量。缺乏自信心的男人，女人的鼓励会使他更加坚强。妻子的职责是帮助丈夫成为他理想中的人，因人而异，各有方法。

## 男人最忌讳女人不停的挑剔

男人最忌讳身旁的女人不停地比较和挖苦自己。有些女人总把丈夫与其他人进行比较，无形中给丈夫增加压力。其实女人想促使男人进步，需要鼓励他，找出他最能施展才华的地方，让他树立信心，提高勇气。男人们最欣赏妻子的温柔鼓励和崇拜赞赏，希望妻子为他加油打气。女人需要记住，永远不要说"你真没用"。

## 男人最大的事情是面子

女人们还需要清楚：男人的面子和尊严最重要。女人当着外人不给男人面子，最让他们伤心。数落或命令不会激发男人的上进心，只会让他们对妻子产生厌恶感和距离感。

好面子、虚荣心强是男人的普遍特点。男人们很清楚，他们在外界获得的赞扬都带着虚伪，只有妻子面前得到的尊重才最真实、最可信。男人的内心非常渴望来自妻子的崇拜，最喜欢妻子那副托着香腮、仰望聆听的模样，当女人的崇拜退化之时，也是夫妻关系裂痕之时。其实无论男女都喜欢他人的赞美和崇拜。

男人不但可以成为他理想中的人，而且也可以成为他妻子所期望的人。妻子的人生观，以及妻子鼓舞丈夫的程度，可以决定男人在事业上的成败。当他们听到妻子的赞美时会由衷地开心。

## 成功的男人背后有一个智慧女人

成功男人背后都有一个懂得鼓励的智慧女人。

朋友曾说："在我的人生过程中，取得的这些成功，都是我的爱人给予我支持和鼓励。过去无论家里多么困难，生活多么拮据，她历来都是乐观地鼓励我，积极为我承担，我一直在默默祈祷，希望自己能永远不让她失望。"

还有朋友这样说过："在我二十多岁最没钱、没事业的时候，如花似玉的妻子陪伴我一起走过人生低谷。这些年与我一同经历太多艰辛，患难夫妻情谊长，妻子最灿烂的年华都给了我，我会用一生来回报她。"

不少女人出嫁前的各种条件都比丈夫好。对深爱妻子的男人来说，让妻子生活得更好是他们的愿望和目标。许多男人凭着来自妻子的信任和支持，赤手空拳，白手起家，赢得一片天地。

当然，有的女人一心想要丈夫出人头地，期望丈夫能够成为她们想象的那种有钱、有权又有才的人，可惜超越了现实，她们的希望破灭，引发家庭不合，甚至婚姻破裂。

## 真诚地赞美和欣赏男人

智慧的女人会给男人不定期送上三种礼物。

一是赞美的高帽。明智的女人会不间断地送给男人赞美和崇拜的话语："我知道你是最棒的！"这句话可以改变男人对自己的看法，甚至促使男人对自己的生命有全新看法，超越自我。

二是仰慕的眼神。即使男人做了一件很笨的事，她还是送上仰慕。

三是安慰的话语。一句"没关系"，让他知道你会与他同甘共苦，风雨同舟。

女人真诚的赞美和欣赏，可以使男人由失败转向成功。女人善意的暗示和鼓励，可以协助丈夫成为理想的人。

# 女人喜欢被宠爱的心理真相

一辈子被人宠爱是所有女人的美好心愿。在家时被爸妈宠爱，结婚后被丈夫宠爱，年老时有儿女宠爱。对女人而言，被宠就是爱，就是幸福。宠爱的背后是女人们生而有之的公主情结、恋父情结和被爱情结。

## 公主情结

每个女人的心底都深藏着一份美好的感情——"公主情结"。在女孩的印象中，公主容貌脱俗、气质优雅，她们想象自己就是纯洁无暇的白雪公主、勇敢善良的美人鱼、华丽转身的灰姑娘，她们是集万千宠爱于一身的美好，是身穿蕾丝长裙、头顶皇冠的女王……

女人心里的"公主梦"，在身穿洁白长裙、头顶婚纱、手持鲜花走进婚姻殿堂时，被身旁牵手人的一声"宝贝"兑现。

## 恋父情结

渴望寻找一位类似父亲的爱情伴侣。女孩子们喜欢父亲对自己的放纵和娇宠，习惯对父亲撒娇和任性，她们觉得自己还是孩子，需要父亲的呵护。她们不喜欢同龄男生的不成熟，她们寻找来自大男人的保护，希望获得精神和物质的依靠。

大多数女孩在家时更喜欢依恋爸爸。成年后的女性，在寻找恋人时，会有意无意地选择和父亲有相似性格特征的人，心理学称之为"恋父情结"。

心理学家发现，女孩多数表现出更喜欢像父亲一样高大、能保护自己的男性。她们在婚姻中会寻找像父亲一样能让自己依靠的男性，所寻找另一半的性格或者长相，或多或少有点像自己的父亲。女孩的恋父情结，是喜欢父亲能让自己依靠的肩膀，是迷恋父亲对自己的那份宠爱和呵护。

有正常恋父情结的女孩对父母更孝顺，在婚姻中家庭观念更强。

## 被爱情结

如今都市女性欣赏的个性爱情宣言是：爱我就要好好宠我。

女人最喜欢问爱人的一句话："你爱我吗？"百问不厌。感觉不到爱的时候要问，没有甜言蜜语的时候要问，心里不踏实的时候更要问。女人会以任性和无理取闹来索要宠爱，男人们被问厌了，甚至会慢慢逃离。其实是男人不懂女人。

美国心理学家威廉·科克说："任性是心理需求的表现。"女性重视两性关系，害怕被抛弃。她们有时的刁蛮任性是为了引起对方注意，试探自己在对方心目中的地位和分量。

## 你被宠了吗

把爱说出来，敢于秀恩爱的男人更得女性欣赏。

如果你知道婚礼花了多少钱、多少心血，根本不会动脑筋来想第二次。这是句玩笑话。智慧的男人用宠爱赢得爱人的心，用宠爱妻子的方式展示自己的生命能量和品质。

宠爱女人是男人维护家庭幸福的能力。女人一生的幸福在于被人宠爱，男人一生的幸福在于有始有终地宠爱妻子。

幸福的女人在家时被父母宠着，结婚时遇见宠爱自己的他。

婆婆活到了100岁。一直由小姑子悉心照顾，看着婆婆白里透红的脸，光洁如少女般的皮肤，惊叹婆婆生命力的顽强，更感动于小姑子的一片孝心。看着小姑丈给小姑子戴项链时，充满爱意的眼神、抚摸妻子肩部时的温柔，心底不禁感慨：妻子的幸福成就了家中的百岁老人。

年少时被爸妈宠爱，结婚后被爱人宠爱，老年时被儿女宠爱，这是女人一生有始有终的幸福。

## 你秀宠了吗

婚姻是生命中最重要的契约，期限是一辈子。遇见意中人、合伙人，四目相注，两情相悦，登记了，签约了，一辈子同吃同住，同玩同乐，一起打拼，一起筑巢，一起赢天下。

宠爱是双赢。爱人如爱己，爱人亦爱己。在这个攀比的时代里，一辈子宠爱一个女人，一辈子把她当公主，就是最大的赢家。

# 安慰剂，沟通中的催眠术

哈佛大学的本森教授选出一组在怀孕时有恶心呕吐等现象的妇女，然后他给她们服用药丸，并说："这种药可以帮助你们减轻或者消除你们的妊娠反应。"当然他给予她们的是由淀粉片制作的药片，也就是说没有任何药用作用的安慰剂。她们服用之后反馈说：感觉好多了。

同时本森教授也选出另外一组有妊娠反应的妇女，他给她们服用的是艾匹克，是用来帮助人们呕吐用的。比如小孩吃错东西，让孩子服用后，可以帮助孩子吐出有毒物质。本森教授在试验前已做了仔细的安全服用量的考虑及伦理小组的审查。本森教授告诉她们：服用这种药会让你们好起来的。结果发现这些有妊娠反应的妇女，她们的呕吐停止了，感觉也好多了。

本森教授的总结：依靠信念本身以及孕妇对专家的信任，孕妇们治好了自己的妊娠反应。这其实说明了人头脑的力量有时会大过药物的力量。

德国的科学家在研究中也发现，如果患者真的相信药物会发生作用，那么即便在使用假药的情况下，也可以导致其大脑释放止痛物质，达到跟使用真药一样的效果。这一研究从生理学角度进一步印证了医学上的安慰剂效应，即心理暗示对于病人潜在的积极影响。

## 安慰剂可谓是人际沟通的催眠术

早在1920年法国医师库埃首创了自我暗示"疗法"。他有一句名言："我每天在各方面都变得越来越好"。库埃医生让病人不断重复这句话，许多病人为此得到了康复。暗示疗法实际上就是引导病人要有一个好的心情，要有乐观的情绪，要有战胜疾病的信心，这样就能调动人的内在积极的主观能动性。

曾经有一则报道中讲述一位退休职工身患癌症却依然愉快的活了15年，他如今每天依然在坚持做到三个方面：首先要多回忆过去美好愉快的事，使自己保持平静愉悦的心情。其次是排除杂念，默念良性同语，例如：早晨起床时默念："今天感觉特别好"；吃饭前默念："这饭菜又香又好吃"；睡觉前默念："今晚一定睡得香"；吃药时默念："这药对治病特别有效"等等。"良性暗示"这一大法宝，帮助这位患者战胜了病魔。

心理暗示也称之为预先灌输。心理暗示有两种，良性暗示叫积极暗示，积极暗示能够对人的心理、行为、情绪产生一定的积极影响和作用。消极暗示则反之。

曾有调查统计显示，在相同的环境中，女性比男性更易被暗示，儿童比成人更易被暗示；抑郁、内向的人比自信、成熟、开朗的人更易受暗示。而那些性格开朗的人，本能的会把事情往好的方面想，于是这些人的身体相应就更健康。

有一位年轻的姑娘失恋后极度痛苦，多次寻求自杀，几经抢救后依然执意要选择寻死。家长、同学、老师、心理医生的多次劝导和启发均没有效果。有人出主意，让姑娘的父母请来当地一位很有名气的算命先生。算命先生与姑娘见面后说道："真可惜呀，你三十岁后有十五年大运，非常富有，你是能活到八十岁的命呀。"结果，这个姑娘放弃了自杀，重新开始生活。

也许有人在笑，这姑娘怎么这么傻呢？算命就是生活中最典型的一种暗示。算命先生的心理暗示能发挥作用的前提，是这位姑娘的自我认知出现不完善和缺陷。其实在现实生活中我们许多人都经历过算命先生为自己算命的事情。有不少人的身边多少都会有几位"算命大师"左右着他们的思考和行为方式，要做什么？该怎么做？会不会成功？能否与这个人合作等等，可以说，算命先生在某些时候所作的心理暗示是在充当"心理指导"的作用。

为什么人们会不自觉地接受别人的暗示和影响呢？

心理暗示现象在人的日常生活中非常普遍，通常暗示作用都是发生在不知不觉中，几乎会在不同程度存在和影响着每个人的生活。每个人或多或少、或强或弱都会受到一定的心理暗示。接受暗示是人的心理特性，它是人类在长期的进化过程中，形成的一种无意识的自我保护能力。世上没有对暗示完全免疫的人，只是对暗示的敏感度在接受上有差异。

心理暗示发挥作用的前提是"自我"的不完善和缺陷。一个"自我"比较发达、健康的人，通常就是我们所说的"有主见""有自我"的人。但是，人不是神，没有完美的自我，当一个人的"自我"非常虚弱、幼稚，出现缺陷的时候，就容易受到外来事物的影响，这时，这个人的"自我"很容易被别人的"暗示"所统治。因为这是人的自身存在着严重的自卑和不安全感，无力改变，内心往往会自我制造一些幻想，希望有一种法力无边的神秘东西能主宰着他们的命运，并能为他们带来好运和力量。这样的心态往往就容易和外来的暗示一拍即合。

人们最容易接受的就是来自父母、朋友、亲戚、老师，以及周边工作同事给予的一些暗示。人们会不自觉地接受自己喜欢、钦佩、信任和崇拜的人的影响和暗示。这些人给予的鼓励或是批评是每个人都必须要去面对的问题。一个人如果总是因为别人的态度、他人的一句话而影响自己，去改变自己的话，那就永远也不会成熟。

心理暗示有这样一个规律：如果你相信了这个暗示，心里面真正接受了它，它就会成为你信念的一部分。当然说不

说是他人的事，但是接受不接受可就全在于自己了。很多时候人们愿意去接受某些话，是因为他们心里正好也有这样一句话，只是他们自己没有说出来，或者是还没有意识到，碰巧让别人说了。

# 二斤六两的早产儿

胎教是准父母对胎儿一份爱的表达，是准父母扮演角色的预备期，也是送给孩子的大礼包，有助于孕育一个健康、健全的孩子。

结婚后，我和闺蜜聊到怀孕的话题。她对我说："当你怀孕时，一定要记住，你肚子里的孩子是最重要的，即便天塌下来，房子着火之类的事儿，也没有你肚子里的孩子重要。你不要管任何事，特别是不能生气，要一心一意的关心你肚子里的孩子，只有这样才能保证生个健康、健全的宝宝。"这段话让我获益匪浅。

我记住了。怀孕五个月时，我开始给孩子做胎教。无论是孕初期强烈的呕吐反应，还是孕后期体重超标带来的睡眠困难，我的情绪一直平静又快乐，每天坚持给宝宝做胎教，阅读大量胎教和育儿书籍，忙得不亦乐乎。150天胎教完成时，预产期也到了。孩子出生后各方面指标都非常好。胎教帮助我拥有一个健康、健全的宝宝。

我的一位闺蜜比我晚两个月怀孕。我身怀六甲时，挺着大肚子到闺蜜家，看到她腹部微微隆起，不是太显怀。我是能吃能睡，体重增加很多，我们俩都是1.68米，但感觉我的体积近似是她的一倍。

我关切地询问闺蜜胃口如何。她回答："吃不下、睡不好，根本没胃口。老公在外打工也不回家，心情不好，总是想哭，觉得怀孕太没有意思。"我安慰了她许久。

## 二斤六两的早产儿

两个多月之后，我突然收到消息，闺蜜已在医院早产下一个男婴。我赶紧委托表妹去医院看望。表妹从医院回家后，神情凝重，叹着气对我说："阿英姐姐生的孩子太小。"

"多大呀？"我着急地问。

"二斤六两！"表妹无奈地说。

"哦，比我小时候少两斤呀，我是四斤六两。"我说的时候，并没有意识到孩子有多小。

"姐，你知道吗？那个小孩的腿，只有我小拇指那么粗，躺在保温箱里，实在太小了，尿不湿把孩子包得都看不见。"表妹一边说，一边叹气。

我至今都不能想象二斤六两的孩子到底有多大。

随后，闺蜜的孩子出院回家了，养的还不错，发育蛮好。

当我的孩子满一周岁时，我邀请闺蜜一家三口来参加儿子的一周岁生日聚会。在聚会中，我终于看见了闺蜜的孩子。这个孩子有三个地方比较特别，一是孩子两个眼睛的间距比一般孩子宽；二是孩子的两只手总是握着拳，很少伸开手指；三是这个孩子快一岁了还不会直立行走。我的儿子十个月时已经能自己扶着床边走，现在整天拉着我的手满地乱跑。

闺蜜的老公看着我的孩子，特别羡慕，私下对我说："我觉得我儿子有点不对劲。"

我当时没敢说自己的想法，只是劝他明天一定要带孩子去医院看一看，问一问医生。

## 失去最佳治疗时机的脑瘫儿

第二天中午，闺蜜的老公打来电话，在电话里呜咽半天才说话："医生说我们的孩子是脑积水，就是脑瘫，已经错过了一周岁内的最佳治疗机会。这个孩子一辈子都不能站起来走路，一辈子都不能生活自理……"

我永远都不能忘记闺蜜的老公在电话里放声大哭的那个声音。

事后我才得知，闺蜜怀孕期间睡眠、饮食和心情都不好，孩子在母亲体内营养不足。母亲哭哭啼啼的情绪，不规律的作息，没能给胎儿足够好的供给。再加上早产两个多月，孩子的各项健康指标都不够，特别是孩子生育之后，家长对早产儿的护理知识欠缺，未使用早产儿奶粉，也没有定期带早产儿去复检，尤其是没有给孩子照脑部CT，未及时了解孩子脑部发育的情况，错过了早期干预治疗的时机，错过了康复的机会，留给父母和孩子一辈子的悔恨和遗憾。

闺蜜的儿子长到12岁的时候，我出差去看望了孩子。孩子很漂亮，忽闪着一双会说话的大眼睛，长相很英俊，是一个美少年。说话声音带着磁性，据说唱歌特别好。但是，那天这个孩子是被爸爸从一楼背到二楼餐厅，他的两只手夹在胸前，不能自己吃饭，两条腿不能站立，而且夹的很紧，打不开腿，也迈不了步，完全不能行走。

无论是当时看着这个长相俊美的男孩，还是此刻在回忆当时的情景，我内心只有一个声音：孕期的妈妈一定要好好对待自己，你有多爱你的身体，就有多爱你未来的孩子。你在孕期亏待自己，是对不起你肚子里的孩子。特别是不吃、不喝、不好好睡觉、爱哭、耍性子的妈妈们，你任性矫情的脾气伤害的是你肚子里的孩子。孩子一生的健康和健全在于妈妈十月怀胎的每一天。

胎儿时期是脑部基础形成的重要时期。优生是指母亲生育出聪明、健康的下一代，尽可能降低"缺陷儿"的诞生几率。胎教是母亲对胎儿的早期教育，也是优生的重要内容。孩子的健康聪明程度将会给孩子的一生带来深远影响。

## 孕妇的"情绪胎教"最重要

"情绪胎教"是通过调节孕妇的情绪，使之忘掉烦恼和忧虑，创造轻松的氛围及和谐的心境，并通过妈妈的神经递质作用，促使胎儿大脑得以良好发育。

情绪胎教能为孕妇营造宁静平和的心境，创造不急躁、不郁闷、情绪稳定、心情愉悦的精神状态。孕妇情绪波动不仅影响胎儿的体重，也会影响胎儿的智商和健康。

当孕妇生气、焦虑、紧张不安或忧郁悲伤时，血液中内分泌激素浓度升高，胎儿会立即感受到，表现出焦躁不安的情绪，胎动也会增加。如果长时间存在不良刺激，胎儿出生后患多动症的机会会增加，有的还可能生下"畸形儿"。

孕妇心情舒畅，心境平和，情绪稳定，对胎儿身体和心理的健康，以至于未来性格的发育都会起到积极作用。

父母在胎儿发育的各个时间都应当科学地对胎儿提供触觉、听觉和视觉的教育，如音乐、对话或触摸，对胎儿大脑细胞不断增殖，神经系统和各个器官的功能会得到合理开发和训练，有助于挖掘胎儿的智力潜能。父亲若能参与胎教，亲自育儿过程没有遗憾。

## 常规的胎教方法:音乐、语言和抚摸

音乐胎教：音乐刺激使母亲得到安宁与享受，促进孕妇分泌酶和乙胆碱等物质，发送胎盘供血，使胎儿心律平稳，对胎儿大脑发育有良好刺激。

语言胎教：父母通过与胎儿对话，使胎儿接受到语言的信息，刺激胎儿大脑的生长和发育。妊娠后期，胎儿已具备最初的听力和感觉能力，对外界的语言刺激有一定反应，能在胎儿大脑中形成记忆。

抚摸胎教：有规律的抚摸胎儿使胎儿的肢体感受到刺激。父母与胎儿的对话和触摸，会形成良好的反应与互动，对提高胎儿大脑的发育很有帮助。

## 史上最早进行胎教的人

周文王的母亲太任是史书记载中最早给胎儿做胎教的母亲。

太任的胎教育儿三不原则：

1. 不良的场面不看，如祭祀时宰杀牛羊等暴力血腥的场面；

2. 不良的声音和话语不听，如吵架打骂；

3. 不文雅的话不说。

周朝的太任在怀孕的时候，她口不出傲言，耳不听淫声，眼不识恶色，培育孩子的一身正气，所以她生出来的周文王能够成为一代圣人。

## 准爸爸参与胎教的重要性

胎儿对男性低频率的声音比对女性高频率的声音更敏感。准爸爸参与胎教能让准妈妈感觉重视与疼爱，准妈妈的快乐情绪能感染到胎儿。准爸爸应当做到以下几点：

1. 协助准妈妈快乐度过孕期；

2. 更早与宝宝建立亲子关系；

3. 坚定准妈妈顺产信心；

4. 促进胎宝宝脑细胞发育。

## 胎教过的宝宝出生后有六个特征

1. 总是笑呵呵；

2. 夜间不哭闹；

3. 语言能力强，学话快；

4. 理解力和接受能力超群；

5. 性格活泼，愿意与人接触；

6. 右脑发育好，想象能力强。

## 情绪胎教是胎儿健康第一步

很多人认为，胎儿深居"宫"中，"两耳不闻宫外事"，跟妈妈的情绪无关。实际上，这种看法是特别错误的。情绪胎教是保持胎儿健康生长的第一步。

胎教并非教导胎儿学习算术或者语文。在怀孕期间保持稳定的身心状态、降低胎儿的压力，这是胎教的精髓所在。

在长达280天的宫内生活中，胎儿通过胎盘和脐带与母体建立联系。当母体的情绪发生变化时，激素分泌会发生改变，并经过血液进入胎盘，最终刺激胎儿。

乐观开朗的妈妈和焦虑紧张的妈妈给胎儿的生活环境完全不同。怀孕期间，母亲若心境平和、情绪稳定，胎心和缓而有规律；母亲若情绪激动，胎心就跳动加快，当消极情绪持续较长时间时，会给胎儿带来伤害。

未来的准妈妈们，为了孩子健康、健全，请尽量保持心情愉悦平和。请记住，天塌下来也没有肚子里的孩子重要。

# 我的胎教育儿经

2006年春，我与影视明星方青卓老师、台湾歌手麦玮婷小姐在电视节目《明星妈妈育儿经》中交流育儿经验，我谈了自己在怀孕期间的胎教经验。节目播出之后的几年中，我陆续接到不少观众的来电和邮件，大家很关注我在节目中提到的胎教书籍以及我的胎教育儿经验。

我在结婚七年后才决定生子。我理想中的家庭有三个孩子，两三只狗，一个大宅院，有花有草。我是老母鸡，衣襟后拽着三个孩子，玩老鹰捉小鸡的游戏。

## 喜欢孩子，就要生个健康的宝宝

结婚的七年里，能做个母亲一直是我的心愿。出差在外，我常去的地方是新华书店，除了买自己喜欢的书籍，我前后抱回了近一米高的育儿胎教的书籍。我时刻准备着迎接未来的宝贝。

1995年春节，我期待中的孩子落入腹中。在孩子着床子宫半个月后，强烈的妊娠反应把我折磨的呕吐不止。吃什么都吐，不能闻一点油烟味。有时一整日我只能躺在太师椅上，身边放一个供呕吐用的小桶，吃了吐，吐了吃。我盼着腹中胎儿快快长大，我常想象着孩子有一公分？三公分？有鸡蛋大小了吗？那段时间，我的生活完全变化了，孩子成为我唯一的关注。

## 做一个有准备的妈妈

由于妊娠反应严重，怀孕后我就辞去了所有的工作和职务，专心致志做个准妈妈，这也拉开了为期五六年全职妈妈的序幕。直到儿子六岁、女儿四岁，我才出来工作，并在第二年考取了中国地质大学的博士。

在做全职妈妈的六年里，我绝对以儿女为重心，几乎天天与他们在一起。当然，我也在自修，完成专续本和研究生课程的学习，兼职担任四年民建海南省委妇委会主任。孩子入托后，我又在海口电视台和海口市科协各工作近一年。

妊娠的最初四个月，我一边应付着呕吐的身体状况，一边看书，把过去七年中积攒的所有育儿胎教的书籍统统读

完。读书的过程很愉快，我获取了很多育儿知识。在怀孕进入第五个月时，我与先生商议，正式开始胎教。

## 怀孕第五个月开始150天的胎教

每天除了在饮食上营养合理搭配，我还给自己安排了胎教时间。

### 1.早餐后欣赏一个多小时的音乐

我喜欢的音乐有理查德·克莱德曼的钢琴曲，还有佛教音乐和其他轻音乐。悠扬、舒缓、轻松的音乐让胎儿在一早苏醒时就能接到母亲输送给他的安详与和谐。音乐带给孕妇情绪的稳定和心情的愉悦。欣赏音乐的时候，我会抚摸腹部，与胎儿默默的对话，想象着孩子在子宫中游荡的情境。

### 2.看漂亮婴儿的照片

根据书上的说法，在准妈妈的脑海中，要有未来孩子的图像。怀孕后，我就开始四处寻找漂亮婴儿的照片。在胎儿五个月的时候，我在商场婴幼儿专柜的墙上看见一幅让我中意万分的大照片。我死缠硬磨、竭尽全力，终于感动了售货员小妹，她把贴在墙上的广告照片撕下来送给我。此后的五个月里，我每天对着这个大眼睛、高鼻梁、红嘴唇、笑得极可爱的漂亮男婴，一遍遍地看着，一遍遍地叫着"宝贝"，一次次地凝视对话。当儿子一百天的时候，我在儿子脸上看到了那个漂亮男婴的影子。

### 3.午休后绘画念诗文一个多小时

午休后，我会在三到五点钟开始绘画、念诗文。

我曾经买过一本16开本的胎教书，里面有150张黑白素描画，下面配着一段诗文。先生特地从商场里买回54色的彩铅，一只只削好，备我使用。每天下午，我用各色彩笔，把黑白素描画涂满我喜欢的颜色。黑白图片中有人物、动物、花草和建筑等等，我会看着漂亮的图片，大声朗读着诗文。每天一页，整整150天，我在儿子出生的前一天共完成了150幅图片的上色和阅读。

### 4.每晚九点与先生一同与胎儿做游戏

准爸爸、准妈妈与腹中的胎儿一起做游戏有三大好处。

第一，提前训练胎儿的敏感度和反应力

每晚九点，先生只要不出差，我们都会准时开始为期二十分钟的胎教。先生会用手抚摸我的腹部，呼唤着儿子的小名（我们提前给孩子起了小名），给孩子唱一两首歌。不久，只要到了晚上九点，腹中的孩子就会有反应：当先生唱歌的时候他会很乖，不动身体，静静地听；只要先生用手抚摸腹部，孩子就会用小脚撑着我的肚皮，八九个月的时候，我甚至能很明显地看见腹部局部隆起；当先生用手去摩擦隆起的腹部时，小脚会很快地收回去；当先生用耳朵去听腹部时，常常会遭到被孩子小脚用力顶撞的待遇。

150天的胎教很快乐，怀孕的日子也是最难忘和最幸福的。

第二，提前开始一家三口的快乐生活

每晚的胎教时间，孩子能准确地判断听歌时间和玩耍时间。听歌时，腹中的孩子很安静。甚至当孩子出生后，每当听见孕期时的歌曲，儿子很少哭闹，极安静；玩拍肚游戏时，腹中的孩子能判断出何时是爸爸的手在抚摸，何时是爸爸的耳朵在听。特别是在玩踢皮球的游戏中，只要爸爸的手拍过的地方，孩子都会很快在那个位置再踢上一脚。每晚的胎教时间，我和先生与未曾出生的孩子会乐成一团。我的肚子上会立刻出现一个小鼓包。和谐愉快的家庭生活在孩子未出生前就开始了。


第三，让准爸爸提前与孩子培养感情

人们常说母亲十月怀胎是"害喜"的过程，血肉相连才与孩子骨肉情深。在母亲怀孕期间，准爸爸常常不知道自己应该怎样做，想参与又无从下手。胎教时光是让准爸爸与腹中的胎儿培养感情的时刻。

那些没有胎教经历的爸爸们常常站在产房门前，当手捧着额前还沾满胎血的襁褓婴儿时，不知所措地喃喃自语："这是我的孩子吗？这是我的血肉吗？我做爸爸了？"他们对新生儿是陌生的。

听先生和医生说，儿子出生落地放在产盘中称重时，惊吓地狂哭不止。这时，先生轻轻地唤着儿子的小名，三声之后，儿子停止了哭啼，嘴角抽动着，委屈的撇着嘴，用力地想睁开粘糊糊的眼睛。当时，在场的人都惊讶不已。先生用手中的摄像机拍下了这一幕。先生是发自内心地喜欢儿子，父子的感情一直非常好。胎教期间打下的基础功不可没。

## 幸福的家庭是专注和爱

亲手带大一双儿女，胎教和育儿的经验还有很多。

传经送宝两句话：在什么时间，就专注做好这段时间的事情；面对每一件事情时，要有准备，并要尽自己最大的能力去做。

幸福的来源是用心。专注+爱＝幸福。专注的人能收获幸福。

在这里祝福天下每一位妊娠中的准妈妈和每一位即将诞生的小宝贝，平安、健康、快乐。

# 玩游戏：缓解婴幼儿分离焦虑

2011年春，我在央视"读书栏目"推介好书《游戏力》时，聊到当年为孩子选择幼儿园前的家访、游戏和"婴幼儿分离焦虑"话题。

当孩子学会走路，开始满院子跑的时候，就快入幼儿园了。为孩子们择一所心仪的幼儿园，就是选择优质的教育环境和成长氛围。

儿子两岁时，我开始留意考察居住地的幼儿园。当时居住在海口，市里大大小小的幼儿园有几十所，最好的有三四所。有空时我会在一些幼儿园的墙外转悠。透过围栏观看孩子们和老师一起玩耍游戏的场景。终于有一天，我选定了一家公立幼儿园"海口市中心幼儿园"，这家幼儿园隶属于海口市妇联。

在幼儿园的围栏外观看时，发现园里的老师有几个特点：

1.老师们不仅微笑着，而且蹲着与孩子说话；有时一只手抱一个正在哭的孩子，另一只手还牵一个孩子；

2.每天早上老师和孩子见面时会拥抱，还让孩子和家长说再见；

3.老师说话声音很温柔，特别是孩子坐在地上哭泣时，老师会很耐心地哄劝。

我觉得这家幼儿园的老师对孩子极有耐心，像妈妈一样。

孩子三岁时顺利通过了报名。入园二十多天前。我开始有意无意地在孩子面前提及上幼儿园的事。只要一提去幼儿园，孩子的回答很坚定："NO，不去！宝宝在家跟妹妹玩！"

怎么办呢？孩子不愿意去幼儿园。大多数家长在孩子入园前，无论孩子是否自愿，9月1号一到就拉着孩子进幼儿园了。我家的两个孩子在幼儿时，无论做任何事情，我都会事先征求他们的同意，让孩子自愿去做，很少强迫。

孩子不愿上幼儿园，需要父母想办法。我亲自拜访了园长陈海平，说明了孩子从小到大没离开过我，三周后上幼儿园，孩子不愿意会哭闹怎么办？我请教园长的建议。

园长说："大多数的孩子都会哭。"

"怎么能让孩子不哭、不害怕呢？"我问园长。

"目前还没有什么好办法。"园长说。

于是我向园长提出建议："能否请幼儿园的老师们来家访，让老师与孩子提前认识、一起玩耍？孩子熟悉了老师，入园时就不会哭泣和害怕，可缓解孩子的紧张和焦虑情绪。"

园长说："我们园里老师工作很忙，挨家挨户的去家访，人手不够！"

我说："是否可以从我们家开始试点，看看效果怎样？也许对孩子、老师和幼儿园都是一件好事情。"

园长爽快地答应了，安排一周后老师来做家访。随后，入园前老师家访成为这家幼儿园的制度。


老师来家访的前几天，我对孩子说："幼儿园园长说最喜欢我们家宝贝，我们家的宝贝最乖，过几天老师要来家里看宝贝，宝贝应该怎样做呀？"

"向老师问好，让老师抱抱，跟老师笑一笑，还要和老师一起合影留念呢。"老师们来之前的准备工作就绪了。

因为在家里看见老师，孩子很激动，也很配合，让老师抱抱，表现得落落大方，彬彬有礼。当我招呼孩子跟三位老师一起合影时，孩子们很配合地张着嘴，发出"哈哈哈"的大笑声，欢喜极了。

事后，我在其中的一张合影照片中看到：儿子是紧紧地抱着照顾他的小姐姐的脖子，老师的手搭在孩子腰部时，孩子的身体是躲闪和侧斜的。从这个亲密动作中可以看出，孩子与老师之间还是有心理距离的。

我去冲印部把合影照片放大12寸，塑封后贴在墙上。随后的半个月，每天与儿子、女儿和小姐姐一起玩"上幼儿园"的游戏。在游戏中我们分别扮演不同的角色，还引导孩子指着照片上的三位老师："擦鼻涕找大黎老师，便便找小黎老师，肚子饿了就找韩老师。"我还教会孩子系鞋带、穿衣服、洗手、擦屁屁、叠小被子等必备的小技能。

孩子们"上幼儿园"的游戏每天玩得很开心，游戏让孩子熟悉和认识了各位老师。让孩子扮演幼儿园里的小朋友，提前帮助孩子进入了幼儿园的角色。好玩的游戏让孩子有点迫不及待地想去幼儿园了。

9月1日一大早，儿子特别高兴。我拉着孩子欢天喜地来到教室，一推开门，孩子愣住了。教室里大部分小朋友都在哭闹。儿子拉紧我的手，眼圈忍不住也红了。

这时，我蹲下身子，告诉孩子："其他小朋友都没见过老师，所以他们会哭，只有你见过老师呀。老师是最爱你的，不要怕。"

儿子撇着嘴，委屈地对我说："妈妈，下午5点，你必须第一个来接宝宝。"

"好的，放心吧，妈妈一定会第一个到的。"我欣然答应。

吻别了孩子，离开幼儿园，我心里很不踏实。那时没有远程监控，也无法了解孩子在教室里的情况。

在孩子来幼儿园上学的前一天，我事先看过教室四周的地形，发现距离幼儿园围墙外的三四十米处有一栋家属楼。

于是，我和先生一起跑到幼儿园对面的家属楼敲开人家的门，向人家征求理解后，跑到阳台上，拿出事先准备好的望远镜，查找对面教室里的儿子。

透过望远镜，我看见儿子正拉着老师的手在询问事情，身旁还有不少孩子在哭闹，但是儿子表现得很淡定。

我的心里才踏实一些，但这一天上班依然还是心神不定。三年来，除了孩子半岁时我去日本出差十几天，孩子基本没离开过我。下午四点半我已坐卧不安，又去敲开了那家的门，透过望眼镜却没找到儿子，只看见班里所有的小朋友都排成两排，背着双肩包，在门口等待下课的铃声。

五点钟，幼儿园的大门打开了，我第一个冲到三楼孩子的教室。推开大门的第一时间，看见站在第一排的儿子，儿子看见我的第一时刻，张开嘴大声喊到："妈！"随之，大滴大滴的眼泪哗啦啦顺着脸颊流淌。

我蹲下身子抱起孩子。孩子一边紧紧地抱着我的脖子，一边说道："妈妈，回家家，妈妈，回家家。"

从回家后到晚上十一点孩子入睡前，儿子的手就没松开过我的脖子。双手一直抱着我的脖子，嘴巴不停的叨念着这句话："妈妈，宝宝明天不去幼儿园。"

"不行呀，宝贝不是答应好的嘛，说话要算数的。"

妈妈不同意，孩子不松手。孩子很执拗。于是，吃饭、冲凉洗澡、讲故事哄睡觉的时候，孩子的手都没离开过我的脖子。

孩子入睡了，看着他眼角挂着的泪珠，我心里很纠结。这是一个被我训练过十五天，天天通过游戏熟悉"上幼儿园"，并学会了幼儿园的很多规矩，与幼儿园老师并不陌生的孩子，依然不喜欢、也不接受幼儿园。

第二天早上，孩子被叫醒时，一句话都不说，眼里含着的泪水，大滴大滴地往下掉。我对孩子说："宝贝再坚持十天吧，如果十天之后你还是不喜欢幼儿园，妈妈就接你回家，咱们不上幼儿园了。"

9月10日恰逢教师节，课间我专程去幼儿园拜访班主任韩老师，询问孩子近期表现。

韩老师说："你家孩子是班里唯一能够与老师对话交流的孩子，还会把你们家里很多有趣的事情、甚至家里抽屉里放着什么都告诉我们。"

老师还说："如果全班小朋友都能像你家孩子这样懂事和省心，我们老师也会轻松很多呀。"

孩子在这家幼儿园的四年生活很快乐、很开心。在儿子5岁上大班时，作为全市唯一入选的一名幼儿园学生，与其他九位小学生一起成为"海口市十佳优秀好孩子"。这是孩子努力的成绩，也是父母的骄傲，更是幼儿园老师们悉心培养的结果。

这些年在研究心理学和心理咨询的过程中，我接触不少案例，发现"婴幼儿分离焦虑症"对孩子的幼年成长和成人后都会有影响。

分离焦虑是指婴幼儿因与亲人分离而引起的焦虑、不安或不愉快的情绪反应，又称离别焦虑。分离焦虑是儿童焦虑症的一种类型，多发病于学龄前期。

很欣慰的是，在抚养孩子的过程中，因为爱孩子，我通过请老师家访与孩子见面的方式，通过与老师合影让孩子熟悉老师的方式，并在游戏中顺利帮助孩子走进了幼儿园，让孩子人生中第一次离开妈妈时的心里落差和恐惧平稳落地，有效地化解了离别焦虑。

任何一位妈妈都是爱孩子的，但爱孩子需要方法，需要智慧和用心，需要妈妈们继续学习，与孩子一起成长。

游戏是孩子的语言。家长和孩子一起玩游戏是最好的教子方法。游戏让幼儿在寓教于乐中体验成长的过程，游戏是一种宝贵的学习过程，这种学习能给幼儿带来更多的幸福和愉悦。

## 玩是孩子的天性

大众心理学家斯图尔特·布朗告诉我们："玩耍就好像吃饭、睡觉和做梦，是人类再自然不过的天性。"

不能小看玩耍的力量。当人类还是婴儿的时候，就能通过与外界的互动来感受玩耍带来的愉悦，比如与他人四目相对、模仿不同声音或是微笑等行为。在这个过程中，婴儿的右脑区块因为互动而有所反应，这类玩耍所带来的刺激能够帮助孩子成长，促进大脑发育。

玩耍对我们大脑及身心到底有什么好处呢？不少科学研

究指出了玩耍的好处。

一方面，玩耍能刺激小脑及大脑中掌管记忆、情感、团体沟通及学习的前额叶皮质区的发展，有助于人类解决问题及处理复杂情绪。

另一方面，玩耍会促使大脑更加敏锐。有实验团队以老鼠为实验对象，分为两组，一组幼年时期便开始玩耍，另一组被禁止玩耍。等到它们长大后，拿充满猫气味的项圈吓唬这群老鼠。研究人员发现，那组被禁止玩耍的老鼠逃跑后不再出现，之后全部因惊吓死亡；而另一组很会玩的老鼠，则在小心探索周遭，确认没有危险之后，再度现身。

这个实验显示，倘若剥夺了动物玩耍的机会，反倒会造成动物脑部无法正常发育。如果放到人类身上，玩耍的重要意义也是不容忽视的。

玩耍不仅让人更聪明，甚至还关系到人一生的发展，并可以助人化危机为转机！动物一旦被剥夺玩耍的机会，将失去探索的能力。人类生而具有好奇心，渴望探索外界，这就是玩耍的本质。

第二章

美好家庭：美的能力

# 气质好的女人

2015年，知名歌手王心凌在个人微博发了新专辑《敢要敢不要》，其中的一张配图尤其吸睛，绿色背景凸显古堡风，手里拿着汉堡大口吃，网友直呼"脑洞大开"。王心凌在与网友的互动中回复："主！要！看！气！质！"这句话引发网友火速跟风，纷纷发出搞怪自拍，同时配上"主要看气质"。该"金句"在网络迅速发酵，话题迅速登顶新浪微博热搜第一，甚至入选2015年度十大网络用语。

气质是指在社会中一个人由内而外展现出的人格魅力，比如修养、品德、举止行为、待人接物等。气质是他人综合考量一个人的言谈举止后，给出的评价。如果一个人优雅大方、自然亲切，给人舒适随和之感，往往会被他人赞扬"气质好"。

我第一次接触"气质好"这个词大约在十岁。那是20世纪70年代中期，人们的审美观与现在有所不同，美女标准更是不同。如今的美女是一水儿的锥子脸、大眼睛、尖翘鼻，而那时美女是浓眉大眼、苹果脸。

中国人向来喜欢圆脸。白居易在《长恨歌》里形容唐代绝世美女杨贵妃"芙蓉如面柳如眉"，芙蓉如面就是暗指当时最讨喜的美女脸：圆脸。

记得当年我与几个闺蜜在外玩耍，旁边的大人们看着我们几个叽叽喳喳快乐玩耍的小女孩，开始评头论足。指着长得浓眉大眼、苹果脸的女孩，大人们评价说"这女孩长得真漂亮"；对长相妩媚俊俏的女孩，大人们夸为"长得真可爱"；而我从小就是瓜子脸，不大的眼睛，笑起来弯弯的，大人看着我先是没说话，随后也许是被我渴望的眼神打动，沉思片刻，对我的评价是"这女孩气质真好"，又补充一句"笑起来很甜"。

"这女孩气质真好"，在今天是一句褒奖的评价，但在当时，对我而言，却是一句贬损的评价。当你长得既不漂亮，也不可爱时，人们只能说"气质好"。为此，我"耿耿于怀"几十年。

18岁时，我开始兼职做主持人，先后主持过大大小小近百场晚会、联欢会。每次活动后也常被人夸"你的气质真好", 听到这话, 我莞尔一笑: "十岁时就被大人们夸气质好了!"

21岁, 我主持一场晚会, 一位中年大叔专门来到后台, 夸奖之后又补充一句: "小王, 你气质超群呀!"

一句"气质超群"让我跨越了"既不漂亮也不可爱"的认知, 令我豁然开朗。人们夸赞"气质好""气质超群", 说明你与众不同。也许不漂亮, 但是有自己的个性。那就做个特别的女孩吧。

"气质好"的背后要感谢爸爸和妈妈。从六七岁开始, 我最爱家里爸爸的书架, 爸爸的书架既是家里的骄傲, 也是我阅读的启蒙。无数的闲暇时光, 我常常搬着小板凳, 窝在爸爸的书架前, 或是踩在板凳上搬弄书架上的图书。没有玩具的童年里, 爸爸的书架上的小人书、科普书陪伴着我, 让我的童年丰富多彩, 从此我爱上书籍、爱上阅读, 乐此不疲。

妈妈生长的家庭管教极其严厉, 我的童年也处处领教着妈妈的管教。

借此"数落"一下妈妈吧。

与他人讲话时要目光直视, 要行注目礼或间隙性点头,眼睛不许东瞅西望；

　　大笑时不许仰头，不许露齿，不许出怪音；

　　站有站相，抬头挺胸；

　　坐有坐相，双膝并拢，夹紧双腿、挺直腰板；

　　坐着时，右腿搭在左腿上，脚尖不能指向他人；

　　与人讲话时，不许用食指指着对方，必须手心向上，五指并拢，朝向对方；

　　打喷嚏必须扭头避人；

　　吃饭时筷子只能夹自己面前盘45度角范围内的菜，不许翻动盘子的菜，不许夹他人面前的菜；

　　家里来客人必须马上站立问好，必须站或坐在爸爸妈妈旁边安静地听大人讲话，不许插话；

　　在家里大人说教时，绝对不能回嘴，不能顶撞和反驳长辈……

　　"一个人的气质是内部修养，外在的行为谈吐，待人接物的方式态度等的总和。"一个人最初的气质源于父母的家教，孩子的言行是父母行为的复制。一个人气质好，还来自于自身的阅历和岁月的磨砺。当她见识足够多的人、事和场面之后，自然会宠辱不惊，淡泊从容。

　　岁月浇灌着女人的心性，女人的气质越来越好，言行越来越精致，并非容貌变化所致，而是心性和气场的提升。当她心性平和、气场强大时，面临再大的困境和意外，她也能葆有一份淡然，一份从容。

50岁那年的夏季，我在平顶山学院为四百多位国培老师讲课，同台讲课的还有一位从教四十五年、年逾古稀的男老师。我们彼此听了对方的授课。当我走下讲台时，这位老教师对我说："你是我从教四十多年来遇见的最优雅的女老师。"

一个女人三十岁前的容貌是父母赐予的，三十岁之后的容貌是自己修炼的。三十岁前不漂亮可以抱怨父母生得不好看；三十岁之后还不好看，只能埋怨自己懒惰散漫，没用心修炼。

少女时代，我常常黯然伤神，环顾身旁，大部分女孩都生得比我好看，为什么我不如妈妈和姨姨们好看？为什么我没有美貌如花？为什么漂亮可爱与我无缘？

高中期间，我特别喜欢一位大眼睛、圆脸盘、留着浓密长发扎着大辫子的女生。我经常目不转睛地盯着她看，想象着自己也能有她那样的容颜。我喜欢拉着她的手，并肩行走在校园，享受着男生们关注的眼神。

两年前，我重回故乡喀什，看见了分别三十年的这位女同学。我惊讶极了，在她的脸上我读懂了何为"饱经风霜"。50岁的她，大眼睛早已没了灵动的神采，眼角爬满了细细的皱纹，脸上缺乏胶原蛋白已然干瘪，原来白净的脸庞如今已布满了或深或浅的褐斑。这可是我少女时代最喜欢、最羡慕的一张脸，如今却成了这番模样。这张脸的沧桑验证了"岁月如刀"，而持刀者正是女人自己。

感恩父母，没把我生得美貌如花，却通过教养使我气质超群；没为我留下万贯家产，却培育我读书不倦。这个世界上，绝大多数都是普通人，普通的家庭、普通的父母、普通的成长环境、普通的面孔，但最终总有一部分人却成为精英，他们气质超群、智慧卓越、与众不同……

气质好的女人，会用心珍爱自己，不害怕衰老，一生修炼让自己从内到外美美哒；气质好的女人，会用心感恩父母，不放弃修炼，终身维系优雅脱俗的好气质。


# 两种女人越活越幸福


俗话说，"快乐是自己找的，烦恼是自己寻的。"人生

不如意十有八九，女人的一生更是烦恼不断，生儿育女、操持家务，还要自我提升。倘若能一辈子快乐又迷人，实为不易。

两种女人越活越快乐：爱笑的女人和爱读书的女人。

## 爱笑的女人越活越幸福

世界名模辛迪·克劳馥说："当一个女人出门忘了化妆时，最好的补救方法，就是亮出你的微笑。"女人因笑而迷人，因笑而美丽。爱笑的女人会用最好的"笑容化妆品"点亮自己，感染他人。

有人统计，76%的女人都喜欢笑，18%的女人因为生活忙碌而忘记了笑，还有将近6%的女人因为生活残酷而选择不苟言笑。

在人们的观念中，"爱笑的女人是快乐的"。

心理学研究证实，"当一个人真正的微笑（杜兴式微笑）或大笑时，眼睛周围的肌肉会产生鱼尾纹，嘴角颧骨肌肉也同时拉动，这种微笑会让人的大脑产生快乐"。真正的微笑能影响大脑中化学物质5-羟色胺的工作方式，因为快乐与否是大脑在做主。

古龙说："爱笑的女孩子，运气不会太差。"这并不是说好运会眷顾爱笑的女孩，使她远离坎坷和磨难，而是说，爱笑的女人因为内心有阳光，凡事往好处想，乐观豁达，好运才会偏爱她、照亮她的生命旅程。

每次去桂林探亲，接机送机的路上都是闺蜜相伴。窗外是景色秀美的桂林山水，车内是酣畅淋漓的欢声笑语。经常是我说一句话，闺蜜就会发出"哈哈哈"的笑声。有一段时间，我工作压力很大，妈妈身体又出状况，但只要身旁坐着闺蜜，听着她的爽朗的笑声，我的身心都会舒缓，仿佛阳光一下子明媚起来，我心头的阴霾也随之消散。

多年来，我发现自己的交友秘密：我的闺蜜们都是爱笑之人。

爱笑的女人心地纯良，给人温柔可爱之感。银铃般的笑声让生活增色不少；暖暖的笑容能轻易感染身边的人。爱笑之人如同正能量的源泉，随时随地的传输快乐、开心和蓬勃。

爱笑的女人用笑声营造出乐观豁达的生活态度。无论经历怎样的挫折与低谷，她们都不会轻易放弃对生活的热爱，她们总是用笑声感恩生活的馈赠，用笑声传递正能量。她们生活得幸福美好，安之若素，宠辱不惊。

## 爱读书的女人越活越幸福

古人说："腹有诗书气自华。"带着书香的女人不怕老，岁月沉淀下的气质成为她们最好的保养品。因为读书多，她们临危不惧，通透豁达；她们的气质里透着智慧聪颖，任凭容颜老去，举手投足间的优雅和韵味，依然使她们魅力十足。

爱读书的女人，也许学历不高，但是依然带着不流于俗的书香气，在人群中格外不同。她们处世从容、知书达理、善解人意。

罗曼·罗兰说："和书籍生活在一起，永远不会叹息。"生活中不爱读书的女人，纵使貌若天仙，锦衣绣服，也无法掩盖一举一动中的浅薄粗俗，无法抹去一颦一笑中的粗俗无知。反之，爱读书的女人，即便素面朝天，荆钗布裙，浑身流溢的书卷气息也会让她们显得超凡脱俗，与众不同。说话时，温文娴雅，让人神清气爽；交往时，平静谦和，让人如沐春风。

读书能影响一个人的精神长相。

"读书足以怡情、足以博彩、足以长才。"英国哲学家弗朗西斯·培根如是说。

岁月如刀，时光如梭，女孩从天真无邪变得患得患失，从亭亭玉立变成体态臃肿。普通的女人在闲暇时间，不过是追韩剧、逛商场、玩游戏、打扑克、搓麻将、唠家常，生命似乎只在于方寸之间，一方麻将桌，一张餐桌，一台电视，一只挎包，仅此而已。但是，她们却又热衷于冲着孩子大声呵斥："快去读书，读书！"

曾有学生问我："王老师，我的孩子不爱读书，怎么办？"

我反问道："你以前爱读书吗？"

学生不好意思地回答："我上学时也不太爱读书。"

我说："恭喜你，你的孩子像你，遗传了你的不爱读书。"

学生很尴尬，又说："不读书，未来没出息。"

我说："从今天起你开始学习吧，用榜样的力量和实际行动来影响孩子，只要你能坐下来读书，你的孩子就可以。"

其实很多母亲根本不知道孩子不爱读书与父母不爱学习有关。她们也不清楚，母亲的高度决定孩子的高度，小到言谈举止，大到人生格局。

爱读书的女人，不会把时间耗费在牌桌、韩剧、商场和游戏上。她们会用闲暇时间读书，提升自己。她们用读书获取的智慧告诉孩子何为读书有用！

在读书中可以获得遮风挡雨的伞；在读书中可以找到照亮生命的灯塔；在读书中可以拥有不离不弃的朋友和恋人。她们清楚孩子的成长始于对父母的模仿，她们会在潜移默化中教导孩子，在柔声细语中鼓励孩子。

爱读书的女人，在读书中品味风起云涌，看尽花开花落。她们晓得历史的更替变化，明白人生的兴衰动荡，对于自身周遭的喜怒哀乐，她们显得从容而淡定。她们在读书中认识自身价值，透析家庭奥义，明白美丽和快乐的真谛。她们由内而外散发着与众不同的气质，这种气质比时装更高雅，比首饰更美丽。她们有底气对抗岁月的流逝，她们有能力击败人生的苦难；她们越活越快乐，越活越迷人。

爱读书的女人明白：读书是女人的立身之本、快乐之源、抗衰之泉。

## 爱书橱，更爱衣橱

女人没有不爱美的，更是不能拒绝漂亮衣服的诱惑。女人对衣服的追求是永远的，亦如女人对美的追求。

我对于美和漂亮衣服的追求始于小学。20世纪70年代初，温饱问题还是中国家庭的大问题。作为家里的老幺和独女，我可以不用捡哥哥们的旧衣服，而是一直有新衣服穿，这是童年最幸福的记忆。

我对于自己的衣服非常爱惜。当时衣服是棉布面料，容易褶皱。印象很深的画面是，我每次进入厕所前，都会提前把裤腿儿卷起来，小心翼翼地一层层挽整齐，然后再去。我总是担心蹲久了，腿腕儿处的裤子会有褶皱，就不好看了。晚上睡觉前，我会模仿母亲的样子，把裤子认认真真地叠好，裤缝对齐，平展地放到床板上，把褥子压在上面。每天晚上还要用父亲教的方法，铁缸子中倒上热水，再把铁缸子放在红领巾上，熨烫平整。这些都是我从小学一年级开始坚持每天做的。

小学时，我每学期的教师评语都非常好。我是班长，是全班学习最好的学生，深受各位老师的喜爱。但是，在二年级期末时，班主任老师除了一如既往地写"学习好、工作好、德智体各方面都好"等评语外，又多写了两行字："只喜欢与穿得好、学习好的同学玩，不能团结大多数同学，小资产阶级思想比较严重。"这句评语刺痛了我小小的自尊心。

喜欢与学习好、长得又好看的同学做好朋友，这一直是我交友的"恶性"。当年，作为班长，我只与班里学习好、长得好看的女生一起玩，在帮助学习不好的同学时，我总是嫌弃他们不洗手、指甲黑，逼迫同学必须先洗手，无意中伤害了同学的心……

对漂亮衣服的启蒙是二年级的六一儿童节。我身穿白衬衣，系着红领巾，下身穿了一条大花裙子，惊了全年级的同学。我从班主任老师的眼神中读到了异样。

记得另一位老师专门把我叫到办公室，拉着我的裙子看了半天，研究面料和手工。大花裙子是妈妈的杰作。妈妈选了极漂亮的一块印着大花的绸子布料，亲手制作。裙子褶子多，裙摆大，特别漂亮。鞋子是爸爸买的，那是当时最时髦的塑料白底、黑色布面鞋，而同学们都穿着妈妈做的布底鞋。

估计正是由于这身漂亮时髦的打扮，太扎眼、太突出，引起了同学的跟风和关注。于是，我成了老师观念中"小资产阶级思想比较严重"的好学生。这句评语让我耿耿于怀很多年。

我也是全年级第一个穿粉色的确良衬衣、迪卡面料裤子的学生。整个夏天，我天天穿着。晚上妈妈洗干净，第二天一早再让我穿。有时我不想穿，妈妈会说："你长得太快，明年就穿不了了。"

如今想来，爸爸妈妈在穿衣打扮上是极其宠爱我的。爱美、爱穿漂亮衣服成为我一生的生活情调。

爱女心切的爸爸要求很明确：好女孩，穿得要好，学习也要好。

从小学到高中，我一直是班干部，成绩从没让爸爸妈妈失望过。在七十年代，好学生都是艰苦朴素型。而我是既爱学习，又爱美、爱穿衣打扮的另类学生。我收拾打扮起来非常显眼，高中时烫发、穿高跟鞋、喇叭裤，都是当时最时髦的方式。爸爸妈妈不反对，养个爱美的女儿估计也很无奈。

38岁，我考上中国地质大学博士。开学前一周，导师史清琪教授专门找我谈话："下周你要去学校上课了，全年级200多个博士，你别太显眼，要低调和收敛。把你那些花花绿绿的衣服都收起来，穿上适合学生的服装去上课，把心思放在学习上。地大是培养地质工作者的大学，艰苦朴素是地大的校风，你一定要注意影响。"

于是，我上午穿朴素无华的衣服上课；下午职业女性装扮去中国女企业家协会上班；有时晚上打扮时尚靓丽参加聚会活动，衣服鞋子常常背在很大的包里。有一次晚上的活动现场，我与导师随行，导师看着我漂亮的衣服，昵爱地说：
"一天三套衣服，你不嫌麻烦呀。"

对于一个爱美的女博士，出门经常会听到："一见面还真
没把你和女博士联到一起，哪有这么漂亮时髦的女博士呀。"

坚持读书让曾经"气质好"的女孩变漂亮了；一直爱美
让读到女博士的女孩更加光彩照人。


俗话讲，"让男人尖叫的永远是储酒柜，让女人尖叫的
是衣柜"。女人的衣橱里有唱不完的戏，女人的衣橱里永远
都缺一件衣服。

十五年前，我与闺蜜在北京王府井逛店购物，两只手拎
满了战利品。准备下楼时，我们一起看上一件漂亮衣服，一
致认为衣橱里就缺少这件衣服。

两个女人异口同声："买、买、买！"

付款时才发现，两个人身上的全部现金加在一起也不够
买两件。

当时的场景非常滑稽。两个女人把包里所有的东西都掏
了一地，蹲在那里一张一张地点钞票，扣除晚餐和打车费，
其他所有的钱加起来也只够衣服8折的款。于是，我们俩使出
浑身解数，轮番上阵，几次三番与导购交涉，无奈之下，我
们又要来店老板的电话，亲自打电话过去要求打八折，晓之
以情动之以理，最后终于如愿以偿。

回家时，我们坐在出租车上，望着二环路上华灯初上，看着金融街的灯火通明，怀里抱着漂亮的衣服，相视一笑，心满意足。三四十岁是女人最爱美的季节，爱美的女人总是竭尽全力地满足爱美的心。

"女为悦己者容"应当改成"女为悦己者穷"。看见漂亮衣服就激动得发抖，甚至为了一件衣服而拼命工作，努力挣钱，满足爱美的欲望。

女人的一生中应当置办两个橱：衣橱和书橱，两个橱都要装满。书橱能修行你的气质，衣橱能修炼你的气场。

遇见书，能买的，都去阅读；遇见衣服，能买的，都去穿戴。一辈子做爱漂亮、爱打扮、爱美的女人。女人的衣橱和书橱，是她一生的缩影，充满着梦想、爱、故事与经历。

## 五十岁的女人一朵花

15岁时，我与闺蜜曾聊到一个话题：我们五十岁的时候，会是怎样的？我俩不约而同的"哇"出了声："这太恐怖、太可怕了。"

当时想象的五十岁女人模样是臃肿的身材、隆起的腹部，下垂的臀部和胸部、花白的头发，眼角的皱纹、变粗的声音……

如今我已过天命之年，心却依旧如青春少女，身材也保持良好。虽然白发悄然而至，但美发的方式多种多样，微加修饰，便不会陷入想象中的"恐怖中年"。我们的生活质量越来越高，好光景也会映在脸上。

前几日与一位闺蜜通话，她三次重复了同一句话："我身边的朋友都说你看上去只有三十多岁，怎么也没把你和五十多岁的女人连到一起！"电话这头，我笑了。我心中暗自庆幸这些年来每天坚持做的养生三件事：跳舞练瑜伽；护肤拍脸1000下；25种食材的摄入量。

三年前天命之年的生日，我从北京飞到桂林，与妈妈一起度过，这也是妈妈最后一次与我过生日。

我问妈妈："今天我生日，我今年多大岁数呀？"

妈妈低头思索了一番，谨慎地说道："28岁！"

我哈哈大笑，俯身在妈妈的脸上狂亲了几下。每次见面时，妈妈都会提醒我："不要太辛苦，不要太劳累，你已经快五十岁了。"我总是向妈妈撒娇："我才28岁呢，是不怕

累的大女孩。"

也许有着一颗28岁的心，可以让岁月放慢步伐，衰老姗姗来迟。

女人过了四十岁要学会忘记实际年龄，不要被年龄局限，不要总想这个年龄该怎样、不该怎样。我是否不能这样穿衣？不能这样说话？其实，忘记年龄的女人更容易心理年轻，能够把最好的状态留在自己最喜欢的年龄。

年龄有三个层次：实际年龄，即生理年龄，心理年龄和社会年龄。心理年龄是指一个人的整体心理特征所表露的年龄特征，与实际年龄并不完全一致。心理年轻的人，外在一般不会太显老，这就是常说的"人老心不老"。

美国《老年病医学杂志》报道了美国芝加哥大学心理学教授杰姬·史密斯领导的一项研究，史密斯教授和他的团队花6年的时间，评估了516名年龄在70岁以上的男女。结果发现，这些人的心理年龄普遍低于生理年龄。虽然他们的身体机能已日渐衰老，但是他们的心理年龄比生理年龄平均年轻13岁，其中几乎所有的男性都自我感觉比实际年龄小，这些男性显得更年轻。

史密斯教授分析，女性比男性更在意外表，因而心理年龄比男性更接近实际年龄。但这并不是说男性不在意衰老，只是他们对生活满意度的评价受到更多因素的影响，上年纪后，男性依然能接受新鲜事物，体验青年人的活动，进而忘记实际年龄。

最后的研究结论表明，老年人的心理年龄与健康状况相关。自我感觉年轻的人健康状况就比较好；而健康状况较差的老年人，心理年龄与实际年龄则更为相近。所以说，心理年龄决定了一个人的生活状态、健康以及相貌。

年龄是女人最大的敌人，女人普遍害怕"岁月催人老"。但恰恰是这样恐惧年龄的心理状态，催生了衰老的到来。所以不要轻易服从衰老，也不要总是盯着实际的年龄。

《幸福的能力》有段文字："你关注着什么，你脑子里就会想什么，你的眼睛就会看见什么，你的语言就会说什么，最后你的世界就是什么。"

国外有个著名的"消极与积极影射的心理学研究"。研究者们对受试者分别进行"积极向上"和"消极悲观"两组词组的智力和记忆力测试。

第一组实验使用的都是与"老"相关的消极负面的词

组，比如"拐杖""老气横秋""两鬓白霜""老花镜"等。

实验人员观察、记录受试者的动态，还找来看测员和旁观者评估受试者的走路状态。结果发现，从实验地点走到电梯的这段距离，凡是用"老"这组词语影射过的人，行走时比其他人更弯腰驼背，上电梯的速度也明显慢，尽管受试者们并不知道已受到词组影射。另外，受试者的记忆力也比对照组要差。

随后，实验人员进行第二组的实验，这次用与"成就"相关的词组影射受试者。这次受到影射的人表现比对照组好一些，受试者的记忆力、面对困难的持久力也更好。实验发现，不同词组的影射对人有不同的影响，相关性非常之强。

积极的、正能量的人像太阳，自带光源和热量，随时向周围发光发热。一个人的正能量源于正面念头，积极向上的思维方式会影响人的言行举止和待人接物。

要想保持年轻的心理年龄就不要给自己设限。要常常给生命制造精彩，给生活创造亮点，让每一次经历都与众不同，令自己念念不忘。

五十岁生日聚会，我邀请八位闺蜜来京欢聚，请她们在午饭后赶到酒店。姐妹们入住酒店后，被我预约的"千艺千惠化妆学校"的五位化妆师摁到凳子上。约莫三个小时之后，被化妆师精心造型的闺蜜们各个芳容大变，容光焕发，神采奕奕。她们一边盯着镜子里自己楚楚动人的身姿，一边惊叹不已："结婚时都没这么漂亮呀！"

之前，我就通知姐妹们把自己最漂亮的服饰带来。精心打扮后的娇媚容颜，配上华服，闺蜜们各个艳丽动人。当九位风姿绰约、花团簇拥的美女降临晚宴包间时，等候多时的男士们大为惊喜，一时间竟不知所措。美丽就是这么有震慑力，美艳就是这样不可思议。

当时，看着眼前花容月貌、仪态万千的姐妹们，我忍不住哼起小曲儿："五十岁的女人一朵花……"

# 颜值时代，看脸并不肤浅

家里曾经养过一只蝴蝶犬。每次家里来人，若是客人光鲜亮丽、西装革履，狗狗很少叫。若是衣着寒酸，或是收废品的、乞讨的人，狗狗便会狂叫不止。为此，家里人常常调侃："真是狗眼看人低。"

难道狗狗也会以貌取人吗？对家里的狗观察许久，发现了其中的两个特点。

一是狗狗会观察人的形态和眼神当狗狗和你对视时，它其实是在试探地感受你是心虚还是强势。表现得畏首畏尾，狗狗会发觉气场太弱，它就会叫。你越是害怕它，它叫得就越凶。

相反，如果你昂首挺胸，神态自若，它会觉得你气场强大，会自动远离你，躲在一旁观察你。

狗狗还会通过人的眼神来分辨对方是威胁还是友善。我曾观察过，若家里来的客人对它表示出喜欢，举止亲切并伸手触摸，一会儿就与狗打成一片，这样的人一般都很随和。

二是狗狗受主人的影响狗狗长期与主人生活，它逐渐从主人与他人的交流方式中摸索出判断能力。它从主人对待外人的语言、表情和举止中，判断面前这人是否可接触。狗狗是很有灵性的动物，长期模仿人类，察言观色积累了"以貌取人"的能力，练就了"狗眼看人准"的本事。

## 孩子看人也是学习和模仿父母亲吗

哈佛大学心理学家艾米丽·考格斯蒂尔认为，根据他人的外貌特征来判断对方性格的倾向从童年时期就开始了，而且这种判断无需多年的社会经验。

考格斯蒂尔和同事们让99名成年人和141名3到10岁的儿童对电脑生成的人像照片进行性格维度的评价：诚信度（比如卑鄙/可信）、支配欲（比如强势/弱势）以及个人能力（比如聪明/愚蠢）。每观看一组照片，被试者就需要回答一些问题，例如哪个人看起来非常可信？

实验结果显示，成人组对每张照片的评价具有高度一致性。儿童组也观察到了这种一致性。其中，3-4岁的儿童在一致性上比7岁的儿童略差，年龄越大的儿童做出的评价与成年人越是相似。这一现象说明"以貌取人"的倾向随着年龄而不断发展。

研究者发现，儿童组在"诚信度"的评价上一致性最高。这说明儿童对面部神态的关注度更多。换言之，面部神态是积极或消极，快乐或悲伤。研究的重点是发现儿童与成人在判断上呈现出一致性。

这项新研究发现，儿童和成年人一样，儿童从3岁起就已经倾向于通过相貌判断性格特征，并且在判断上表现出与成人惊人的一致性。

## "貌"就是一个人的面相

"以貌取人"是指人经过"大脑"这个数据库，把以前遇到的长相与他的性格、形态等相匹配，当遇到其他人时，会自觉不自觉地读取大脑中的数据库。

"貌"指人的面相。当我们与他人初次见面时，往往通过视觉判断，比如，相貌俊美的人容易让人产生好感和赞美。以貌取人是很多人的正常心理。

中国人常说"相由心生"，也就是说，面相和善的人有较好的品质，比如随和、勤劳、聪明、教养好、基因好等。有些人长相平平，初次见面感觉一般，但经过再次深入接触与了解，我们才会发现对方的许多优点，越看越顺眼，越看越喜欢，才会渐渐地忽略"貌"，而被对方的品德与气质打动。

"以貌取人"可延伸为"看人准"。"看人准"是人们依据以往经验而形成的见解，这种普遍的观点在很多时候是具有说服力的。

例如，女性一眼就能看出哪个男人会是好父亲，哪个男人做不好父亲。还有研究表明，人们通过30秒的无声视频就能判断一个人是乐于助人还是自私自利。

## 以貌是否可以取人

美国康奈尔大学最新研究发现，人们只看静态照片中的相貌就能找到罪犯，因为罪犯跟普通人的长相有所不同。

试验展示了32名20多岁的白人，他们的身上没有疤痕、文身或过于浓密的毛发，表情自然平和。其中16人是已被定罪的罪犯，另外16人是没有犯罪记录的。测试者需要判断照片中人犯罪的可能性：谋杀、强奸、偷窃、伪造、袭击、纵火、贩毒。

结果发现，人们能够分辨出谁是罪犯，但不能辨出犯罪类型。这与犯罪学相符——罪犯是不分"专业"的，犯过一种罪行的人也很可能犯其他罪行。因此，人们更易于区分犯罪和没犯罪的人。

尽管大多数人不以为然，但外表往往能体现一个人的性格品行：看起来友善的人常常比较友善，看起来猥琐的人常常真的猥琐。这说明人类心理机制能分辨好人与坏人。

《史记·仲尼弟子列传》中有一个以貌取人的经典故事。

孔子有许多弟子，各有特点。宰予能说会道，利口善辩。他开始给孔子的印象不错，但后来孔子发现，宰予既无仁德又十分懒惰，白天不读书听讲，躺在床上睡大觉。为此，孔子骂他"朽木不可雕"。

子羽的体态和相貌很丑陋，孔子认为他资质低下，不会成才。但子羽从师学习后，致力于修身实践，处事光明正大，奉公守法，公事之外，从不会见公卿大夫。

后来，子羽游历到长江，他的弟子有三百人，声誉很高，各诸侯国都在传诵他的名字。孔子听说后，感慨道："我只凭言辞判断人品质能力的好坏，结果对宰予的判断就错了；我只凭相貌判断人品质能力的好坏，结果对子羽的判断又错了。"（吾以言取人，失之宰予，以貌取人，失之子羽。）

以貌取人是心理本能，孔子的故事反映的是心理学中的"首应效应"。"第一印象"是指性别、年龄、衣着、姿势、面部表情等"外部特征"。"第一印象"先入为主，会影响人们的认知。"第一印象"作用强，持续时间长，相比以后得到的信息，对于整体印象产生的作用更强。

改变第一印象需要巨大的付出，所做的努力是建立第一印象的20倍。所以，给人留下好的第一印象至关重要，而容貌是第一印象中重要因素。

# 第一印象：半分钟的世界

人们常说：小孩子看人最准了。我曾试过家里的一双儿女，发现的确如此。儿子年幼时常随我一起外出会友，回家的路上我常常会问儿子，今天最喜欢哪位阿姨？为什么喜欢甲阿姨？为什么不喜欢乙阿姨呢？

儿子的回答特别简单："甲阿姨说话柔柔的好听，眼睛笑笑的；乙阿姨好像不开心，总是不笑。"

小孩子天真无邪，不会受其他事情影响。在孩子的眼里，爱笑的人，友善亲切，留下好感，也容易被记住。

为什么我们会对一个人产生好感？会一见钟情或者一见如故？正如歌词："我一见你就笑，你那翩翩风采太美妙……"

形象心理学有个专业名词叫"首因效应"，指人与人在第一次交往中给人留下的印象，将会在对方的头脑中形成并占据主导地位。首因效应也称为"优先效应"或"第一印象效应"。第一印象主要指性别、年龄、衣着、姿势、面部表情等"外部特征"。

　　心理学家在研究中发现，第一印象的形成只需30秒钟，在见面的头30秒钟中，人们已经对你有了初步定论，产生喜欢或不喜欢的心理定势，这就是所谓的"半分钟的世界"。

　　英国形象设计师罗伯特·庞德曾说，"这是一个两分钟的世界，你只有一分钟展示给人们，另一分钟让他们喜欢你。"

　　毋庸置疑，"第一印象"至关重要。大量的心理学研究表明，我们与对方初次见面时，在最初几分钟内留下的第一印象，会在未来的关系发展中扮演重要因素。如果两个人在初次见面的30秒中彼此喜欢、互相欣赏，那么这两个人的关系会自然而然朝着好的方向发展，反之，则会发展不顺。

　　心理学家曾做过这样一个实验：两个学生做30道题，其中有一半正确，一半错误。A学生正确的题目尽量出现在前15道，而B学生正确的题目则出现在后15道。然后，请一些被试者对两个学生进行评价："看看两人的试卷，你们觉得谁会更聪明一些？"

　　实验结果发现，多数被试者认为A学生更聪明。这就是第一印象产生的效应。人们最初接触到的信息会影响人们对以后行为，甚至整体活动的评价。

"第一印象"是人的大脑自动识别后产生的意识，大脑并非有意为之的，而是在生物进化过程中所形成的特性。大脑会在一瞬间形成对他人的"第一印象"，在极短的时间内判断是否对自身有威胁，或是否可以亲近，这种方式会让人们快速反应，适应物竞天择的生物进化演变，从而更好地生存。

善于的那个当然当利用第一印象、第一信息就能够影响他人的判断。

有两家紧邻的豆浆店，一家红火，一家冷清。有人分别尝试了两家店的豆浆后，发现其中秘密。客人同样是点一份豆浆，第一家店的服务员会问："先生，要不要加鸡蛋？"而第二家店的服务员却问："请问先生，您是要加一个鸡蛋还是两个鸡蛋？"难怪第二家店的月销售额比第一家高出许多。

这件不经意的小事引起心理学家的思考，究竟是什么影响人们的决定？最后发现，原来人们在做出判断或决定时，极易受到首因信息的影响，先入为主。"加不加鸡蛋"中的"不"就是答案；"加一个还是二个？"中的"一个"就是选择。

## 怎么在30秒给人留下最美好的第一印象

### 1.扬起嘴角，传递你的友善

与人见面要面带微笑。无论孩子还是大人，都喜欢爱笑的人，没人会喜欢面无表情、冷漠呆滞的人。

儿子20岁时第一次去实习，出门前，除了叮嘱儿子要吃早餐之外，我还慎重的嘱咐他见到同事要有礼貌地直视对方，并扬起嘴角露出八颗牙——微笑。

不管面试还是相亲，不管是熟人还是电梯间想要与你搭讪的陌生人，都要报之以微笑，这是礼貌，更是尊重。真正的微笑不仅是嘴角上翘,还需要眼睛周围的肌肉随之运动，自然地露出浅浅的鱼尾纹。有研究发现,露齿微笑的感染效果比抿嘴微笑高近三成。

有数据显示，70%的亚洲男人表示：自己更喜欢经常微笑、有小虎牙的女生。

初次见面怎么在对方的大脑中留下深刻印象？如果你能展示几个专属自己的经典表情，这种记忆符号就会在对方脑海中留下深刻痕迹。

当人与人对视时，我们的大脑接受到的是动态的视觉信号，这种视觉信号存入大脑之后，只能留下平面图。如果有几个属于你个人的经典表情，则容易在对方脑海中留下深刻印象，对你的记忆增色不少。这种专属表情不一定是微笑或大笑，但一定是具有辨识度的、与你的个性相匹配的、他人难以模仿的表情。

### 2. 目光直视，表达你的赞赏

初次与人见面，有些人不好意思直视对方的眼睛。其实，眼睛传递的信息最让人回味悠长、念念不忘。与人交谈时，除了面带微笑，还应在倾听时有所回应。当认可对方的观点时应点头示意，对方说到精彩之处时，你可以抱以微笑，甚至开怀大笑，拍手称赞。如果能够产生共鸣，会让对方有"得一知己"的欣喜。

对方说话时切忌不要插嘴。如果对方喜欢滔滔不绝地讲述，丝毫不顾及旁人的感受，不给你说话的机会，那也不要紧。你的点头、赞同、微笑等一系列积极回应，也会让他心生好感，并关注到你。

### 3. 肢体语言，透露你的修养

面对面的交流时，肢体语言也很重要。尽量不要把身体紧靠在椅背上，这通常给人目中无人、傲慢自大、难以接近的感觉。当你面对陌生人时,请尽量保持后背挺直,上身前倾,靠近对方,这会让人感觉你在有意拉近彼此的心理距离,会给人平易近人、亲切随和的印象。

剑桥大学的心理试验表明,当面试官傲慢地瘫坐在椅子上时,36%的面试者会产生"此公司企业文化不佳"的想法。随意靠在椅背上与对方说话,看上去漫不经心,更像是亲密朋友间的行为。

她
幸
福

与对方说话时,不经意的手势会透露你的内心感受。特别是男性,在与人交谈时请尽量少去触动鼻头。微表情专家在研究中发现:男性说话时,当撒谎或做了错事时,鼻部海绵体会自动发痒,他们就会情不自禁用手触摸或揉弄自己的鼻头。假如对方是精通心理学的、会明白这一动作背后的含义,立刻会捕捉到男性的话是有所隐瞒或正在撒谎。

说话时尽量减少多余的手势。若两手攥成拳头紧紧不放,这表明内心处于紧张和压制之中;若两手来回摩擦,表明对讲话的内容不耐烦,会影响对方说话的兴趣;若一边听人说话,一边玩弄手边的玩意儿或首饰,这会造成太随意、太自我的感觉。以上这些都是社交礼仪中比较忌讳的肢体语言。

# 你有社交磁铁吗

心理学家注意到这样的现象：有些人看上去好像身上有磁铁一样，能够把其他人都朝着自己吸引过来。

这些人无论是参加聚会还是出席会议，陌生人都会主动来和他们搭讪；当他们走在大街上，人们也常常会向他们问路、或者打听时间，其他人好像总是能被他们吸引过去。

心理学家将这类人称之为：社交磁铁。在深度研究后，心理学家们发现具备社交磁铁的人们都是生活中的幸运者，这些幸运的人们在生活中比其他人的机遇和好运更多。

## 为什么这些人能够吸引别人呢

心理学家查理斯·怀斯曼邀请了一些心理学的同行，前来观看他对幸运者和不幸者所做的访谈录像。

怀斯曼把访谈中的声音都消掉了，这样观看的专家们就无从得知访谈的对象中，哪些是幸运的人，哪些是不幸的人。

怀斯曼请每位专家在观看录像访谈时，对访谈者的表情和行为举止分别给予记录和打分。专家们记录了这些人微笑的次数，数了他们进行目光接触的次数，还对于他们使用特定的手势做了笔记。

最后统计记录的结果：幸运的人和不幸的人之间，存在着非常大的差异。

**微笑：**幸运者微笑的次数大约是不幸者的两倍。

**目光接触：**幸运者的目光接触要比不幸者多很多。

**肢体语言：**幸运者和不幸者之间最明显的差异在肢体语言方面。

于是专家们开始比较他们的"开放式"和"封闭式"的肢体语言。

肢体语言有两个方面，一种是封闭性肢体语言，另一种是开放性肢体语言。

当人们把手或者脚交叉起来，比如说有一个典型的动作就是双手交叉抱着手臂，还有把身体背离正在和他们说话的人的方向时，或者是不停地用手触摸鼻子、耳朵或眼睛等动作，这些肢体行为就是"封闭性"肢体语言。

"开放性"肢体语言则恰恰相反，人们把身体朝着正在和他们说话的人，手和脚是分开不交叉的，常常用摊开的手掌做出手势。

专家们最后统计的结果是幸运者更善于使用"开放性"肢体语言，而且使用的次数大约是不幸者的三倍。

这次观看访谈录像的研究结论：幸运的人们，他们是通过肢体语言和面部表情，将其他人吸引到他们的身边。

心理学家还发现，这些人之所以能够吸引别的人，是因为他们在不自觉的情况下，表现出的肢体语言和面部表情，在别人看来非常有魅力和吸引力。

有人会说，原来幸运的人表现出的行为模式是如此的简单呀。

的确，幸运的人拥有与众不同的"社交磁铁"："开放性"的肢体语言，真诚的微笑，专注的眼神，他们在无形中吸引别人和他们亲近。

看到这里，我们是不是需要仔细想一想，在社交生活或者是工作中，我们的肢体语言是怎样的？我们有没有"社交磁铁"？我们是幸运的人吗？

# 每日三省：饮食、锻炼、拍脸

生活中有几件事非常重要：吃饭、睡觉和工作（学习）。每天除了高质量睡眠、努力工作外，我还坚持三省己身：

1. 今天吃的好吗？

2. 今天锻炼了吗？

3. 今天拍脸护肤了吗？

## 每日吃25种食物

大多数人认为吃饭的意义仅在于维持生命，只要按时吃饭，吃饱吃好。但在物质生活丰富、食物种类繁多的当下，品尝美食既是生活的享受，也是生活品质的保障。然而，营养过度摄入、食物不合理搭配往往会带来麻烦。

老人们常讲，"病从口入"。营养过剩给身体带来疾病。遇到美食不加节制，味觉过瘾了，但身体却受伤了，特别是肉类和酒精类饮料过量对身体的伤害更严重。

大多数人在年轻时不会在意饮食的质量。我从近几年开始每天严格关注食物的摄入和种类。

每天给身体摄入的综合食材营养不少于15种，一周平均不少于25种。

每天食材的摄入比例如下：水果占30%，蔬菜占30%，五谷杂粮或鱼虾（我不吃禽肉、畜肉已有10多年）占20%，坚果占10%。

**固元膏**（由红枣、核桃、枸杞、黄酒、阿胶熬制而成）已坚持十年每天早上服用一小块。

**炖盅：**各种五谷杂粮粥，每周都会喝两三次。

**煲汤：**13年南方（海口）的生活经历锻炼了我煲汤的技能。正所谓养生的最佳途径是食药同源，天人合一。

**烩菜：**这是新疆人的饮食习惯，各种蔬菜放在一起炒，比如蘑菇、木耳、豆腐、鸡蛋、洋葱、西红柿、白菜、青菜、少许的肉。

**晚餐：**基本不吃主食，常以酸奶、坚果或水果代替。

健康是吃出来的，善于合理搭配饮食的人容颜不老。我们要会吃、懂吃、吃的好、吃的精、吃的科学。饮食不是为了吃饱肚子，而是为了身体健康。中医认为"病从口入"，管住嘴巴，不吃对身体不利的食物，就会少生病。

智慧的女人，应该把厨房打造成养生基地。卡耐基夫人说："男人的生命掌握在女人的锅铲子上。"

为了十年后的健康，必须每天坚持合理搭配膳食，多吃五谷杂粮和水果蔬菜，让每一顿餐食都为健康养生提供有益养分。

## 每天锻炼40分钟

锻炼对我们的身心都大有裨益。

对心理带来的好处主要有：

1.增强自信；2.降低焦虑与压力；3.辅助治疗临床精神失调症；4.改善认知功能。

对身体带来的好处主要有：

1.减少/控制体重；2.减少慢性病；3.增加免疫系统；4.改善性生活。

中医有句话："病来如山倒，病去如抽丝"。病从何而来？你忽视身体的感受，过度消耗身体能量，超负荷工作，使得身体入不敷出，病就上身了，你就倒下了。

善待自己，从善待你的身体开始。用关注和宠爱与自己的身体接触：爱它、疼它、陪它。精心照顾，悉心照料，而不是粗暴对待或者无情忽视。女本柔弱，爱你的身体，才能助你强大。

## 锻炼是对身体最好的陪伴

肢体喜欢放松，或舒展，或拉伸，或玩耍，或安静。这幅皮囊颇有灵性，喜欢你全神贯注地关心它，了解它。摒弃杂念，了解每一寸肌肤，每一块肌肉的需求，关注到它的细微变化。

你待身体有多好，它便会回馈你多少。身体有灵性，善解人意，包容性强，忍耐性强。如果你随意驱使你的身体如仆人，它便会"报复"你，让你成为健康的仆人。

身体的每一个部位或器官都很特别。脑子的特点是越用越好，越用越灵活。肌肉的特点是越锻炼、越运动，越是呈现年轻态。八块腹肌、马甲线都是锻炼出来的。

筋骨的特点是"筋长一寸，寿长十年"，越是拉筋，身材越有范，腿脚越灵活，身体越年轻。

跑步与不跑步的人，一天、一周、一月变化不甚显著，但一年以后就是天壤之别。10年之后，身体的差异甚至成为无法逾越的鸿沟。

坚持锻炼，让活着的每一天都舒服愉悦，无病无痛。坚持锻炼的人身体和容貌不容易看出岁月的痕迹，80岁会有60岁的容貌、40岁的心态。不爱锻炼的人，一是不善待自己的身体，二是不愿活得久，三是不怕疼，不怕得癌症，四是不心疼医药费用。

著名佛法大师索达吉堪布曾说，你有了财富，但没有健康，你还是个穷人；你有了健康，但没有修行，你还是个病人。

## 每天拍脸护肤1000下

这个世界上还有什么比脸更重要呢？脸对女人有多重要呢？

从生物学角度而言，美貌的女人更容易找到高富帅的男人，美貌就是资本；从遗传的角度看，美貌的女人更容易繁衍高颜值的后代；从社会学角度看，长相出众、才情又高的女人更容易成功；在电视剧中常看见，一个女人因为被毁容，寻死觅活，失去自信。这些可以深刻地说明美丽的脸庞对女人的重要性，甚至可以大于生命。

三十岁之前，脸是爹妈给的；三十岁之后，脸是自己养护的。岁月如刀，就握在你的手上。

"世界上没有丑女人，只有懒女人。"懒得收拾自己、懒得护肤，于是一脸的饱经风霜，一脸的岁月沧桑。女人对自己的容貌要舍得花费时间，耗费心力，读书与否短时间内差异不大，但不去护肤却差异显著。

网上有句很现实的话："当你把地板擦得比你的脸还亮时，你的老公并不会多看你一眼，因为他希望你的脸比地板亮。"

男人本"色"，他们始终只喜欢漂亮女人。男人也许不会直接评价你的身材和容貌，但不能否认他们就是永远喜欢曼妙的身材和光洁的脸颊。

整齐的外表、清洁的面容，也是时代文明和进步的象征。

每天在自己的脸上花一些时间，爱自己就从爱自己的脸做起。清洗脸部之后，轻轻地拍打脸部，既补水又定型。只要坚持，不管多少岁，你的脸上都非常精致；无论哪个年龄段，你的脸上都有光泽!

## 每天拍脸1000下的习惯，我已经坚持五年

2012年秋，我与朋友聚会时认识一位旅居美国多年，拥有双博士学位的科学家韦博士，韦博士回国后正在深圳研发高科技的生物护肤产品。

饭桌上问及年龄，韦博士对我说："你的脸缺乏细致保养，我这里有几款正在研发的新产品，你坚持使用后至少会比现在年轻十岁以上。"

"这次是遇见牛人说牛话呀，能年轻十岁！"我礼貌地笑一笑，表示谢意，心里却全然不信，也没放在心上。

坦率说，我还是很爱自己的脸，比较在意护肤保养的。

一周后，韦博士发信息要我的通讯地址，快递他的产品。

几天后，我收到一个精装的大盒子。打开一看，里面有大大小小的六七种类似大针管粗细的系列护肤品，我根本搞不清怎么使用。按照韦瑛博士的指点，先放入冰箱8度冷藏，关上冰箱门后，却忘了这事。

随后的两个月里，几次收到韦博士问询使用效果，我搪塞地回复："正在进行时。"其实根本就没有用，一是太忙了，没时间细致护肤，二是嫌麻烦，没搞清楚如何使用这一大堆产品。

终于在某个休息日，我把所有的产品堆放在面前，认真阅读说明书，给每款产品贴上简单的名称和使用序号，开始启动"逆生长"护肤计划。

按照韦博士的指导，在依次使用每款产品时，用轻轻拍打脸部的方式，让面颊逐渐吸收。

我的拍脸护肤方式是早上5-6分钟，晚上20多分钟。平均每天花费30分钟，拍脸时间大约在看电视或看课件时候。

拍脸次数大约1000下，其中额头200下，法令纹各100下，面部各100下，脸颊各100下，下巴和颈部各100下。

每天坚持护肤拍脸半年后，我的脸更精致紧实，水分充足，有光泽，一下子年轻十岁。

两年前，一场400多人的讲座结束后的晚餐间，一位学生对我说："老师，当您进教室时，远远望去就像女大学生，走近一看像30多岁，最后听说老师已过了50岁，真的难以置信呀！"

课堂中，我也会提到每天拍脸1000下。有的学生当时就发出"嘘"的声音。怕麻烦、没时间、值得吗？我人生中的许多机会和资讯都是身旁人的一句话。说者无意听者有心，我很善于捕捉他人提供的好资讯，因此而赢得很多好机会。

弹指一挥间，五年过去了。坚持护肤的我却比过去更好看、更年轻了。对我"逆生长"的赞美已听了很多。偶尔还会担心万一哪天这样的护肤品找不到了，我该怎么办呀。期待更多的好产品，让天下女人心想事成，越来越年轻。

脸部肌肉与腹部肌肉一样。拍脸的过程就是给脸部塑形，轻轻地拍打，把护肤水、精华素、乳液、面霜一层层地逐渐地拍进脸上的每个细胞之中。每天1000次轻轻地拍打，面颊变得微微红润，护肤品中的养分逐渐渗透，脸部也变得更紧致、更湿润、更有弹性。

不积跬步无以至千里，不积小流无以成江海。如果每天拍脸护肤这样的小事也不能坚持，如何能坚持做好其他的事情呢？

爱自己，从小事做起。爱自己的容貌，坚持每天拍脸护肤1000下，至少年轻10岁，紧致的面容是精心呵护、坚持拍打出来的。

爱自己，不委屈自己的心，不委屈自己的身体，不委屈自己的脸。无论岁月如何，都要保有童心，这份童心就从呵护你的脸开始。

古今中外，无论高低贵贱，贫富美丑，无一例外，没有女人不怕老的。但倘若女人能够把握青春永驻的方法，又何愁年龄的增长呢？

俗话说："女人四十豆腐渣，男人四十一朵花"。过去常说男人如同老古董，越老越有价值。但是，如今"老男人吃香"的年代似乎被爱护自己、精心呵护自己的"老女人们"取代了。

五十岁之后的女人已经度过了生儿育女这段最焦灼、最困惑的时光，正在经历着一生中最敏感、最关键的更年期。

　　物质生活的变化和精神世界的升华，让懂得保养的女人无视岁月的流逝。护肤水舒缓了皱纹，保湿液紧致了皮肤，用心保养的女人赢得了青春常驻。护理皮肤与健身塑形是一样的，付出多少辛苦和时间，就会得到怎样的效果。正如俗话所说："女人保养是老样子，不保养是样子老。"

　　你的这副皮囊是世界上唯一能陪你终老的伙伴。爱自己就要做身体的仆人：宠爱你的胃、你的大脑、你的四肢，还有你的脸。好好地爱她、心疼她、呵护她，不要冷淡和委屈她们，要悉心的伺候她们。

　　此生与身和睦相行，欣赏每个阶段的风景、感受每个过程的别致。"生得好、病得少、活得乐、死得快"，用心爱身，不负此生。

## 当我老了，能像她们一样

　　"当我老了。"最初听到这话，我还是个小女孩，我对妈妈说："妈妈，你老的那一天，我会照顾你的。"

"谁知道我老的时候，你能不能靠得住。"妈妈说。

"照顾妈妈，那是必须的。"每个女孩都会这样回答。

妈妈69岁时被确诊为帕金森症，14年来一直顽强地与病魔做斗争。妈妈在轮椅上整整坐了4年，最后的14个月一直插着鼻部流食和导尿管。虽然生命质量不高，但生活质量让妈妈满意。

妈妈常说："我对自己妈妈就够好了，没想到养个女儿对我的好，超过了我对自己妈妈的好。"

我很巴结地说到："这都是妈妈教育得好。"

年迈后，妈妈偶有失忆。有一次进屋见妈妈坐在椅子上。我轻轻走到妈妈面前。"瞧瞧谁来了？"我笑着把脸凑到妈妈面前。

"妈妈来了。"妈妈兴奋地睁大眼睛，一眨不眨地看着我。

"你妈妈叫什么名字？"我问。

"我妈妈叫王薇华。"

"王薇华是你的什么人？"我问。

妈妈看着我说："是我的亲生父母。"

"想你的妈妈吗？"我又问。

"想呢，想的都睡不着。"

闺蜜在身旁听到这话，热泪盈眶，我也百感交集。即使

她幸福

失忆了，也要记住最重要的人。记得女儿的脸，把女儿称作妈妈。

希望当我老了，也能像妈妈一样。即便偶然的老年退行性记忆病变，也要记住儿女和亲人的面孔，像妈妈一样被儿女宠爱，被儿女心疼，老有所依，老有所爱。

当我老了，我希望能像卡门·戴尔·奥利菲斯一样。

84岁的卡门·戴尔·奥利菲斯依然行走在世界最高端的T台上，用自己强大的气场与独特的气质展现世界顶级女装品牌的魅力。

她常说："一个女人老了的标志，不是年龄，而是她不再爱美了。"美是不需要别人劝说的，美是一种生活态度。

有人问卡门："你整天在自己脸上、身上抹来涂去的也没见你身上和脸上多点什么？"卡门说："我为什么一定要多点什么呢？你没有见我脸上的皱纹和斑点比较少，身上的赘肉比较少吗？"

希望有一天，当我老了，84岁的时候，依然能站在自己最喜欢的讲台前，神采飞扬、优雅淡定地传道授业。

当我老了，我希望能像玛利亚·葛茉莉一样。

玛利亚·葛茉莉博士是当代萨提亚模式的"泰斗"，是萨提亚模式几十年的传播者，是享誉全球的家庭治疗大师。玛利亚·葛茉莉96岁时仍在全世界各地讲课，谈生命力、人性、选择与亲密关系。她用自己展现出来的生命力印证了自己的信念："生命原本就是如此的丰盛与美丽！"

玛利亚·葛茉莉博士说："每天清晨，当我醒来的时候，我接触到自己的呼吸，知道自己还活着，感受到自己的生命力，我就充满了感恩之心，感恩我活着、能呼吸，还有能量。我爱我做的事，不认为那是工作。我遇到的每个人都是谜，也是一份礼物。我们可以在每个人身上发现珍宝及黄金。"

希望有一天当我老了，95岁的时候，我能像玛利亚·葛茉莉一样，四处讲学，做幸福力工作坊，传递幸福科学，帮助更多的人。

当我老了，我希望能像杨绛先生一样。

杨绛先生是中国女作家、文学翻译家和外国文学研究家，她通晓英语、法语、西班牙语，由她翻译的《唐·吉诃德》被公认为最优秀的翻译佳作之一。杨绛先生93岁高龄时出版散文随笔《我们仨》，风靡海内外，再版达一百多万册；96岁时，出版哲理散文集《走到人生边上》；102岁时，出版250万字的《杨绛文集》八卷。

"我们曾如此渴望命运的波澜，到最后才发现，人生最曼妙的风景，竟是内心的淡定和从容。我们曾如此期盼外界的认可，到最后才知道，世界是自己的，与他人毫无关系。"（这段话是网友借杨绛先生之名的百岁感言）

希望当我老了，100岁的时候，像杨绛先生一样，提笔写书立著，希望那时我已出版十几部著作。

15岁时幻想长大后成为老师和作家的梦想，在45岁时我终于实现了这两个梦想。如今已经50多岁，我开始梦想80岁还能站在讲台上讲课，95岁还能做心理导师工作坊；100岁还能按着键盘著书立说……

做梦是女人的特点。勇于做梦，无论梦有多么遥远，一直坚持前行，有梦就有希望。为了老年依然能工作，从今天起要更加爱护身体，以更好的状态和热情迎接明天。

## 幸好还活着，还有健康

孔子讲，"不知生，焉知死"。人生在世，不愿意谈论死亡的话题，更不愿意在祝福时提及死，这是犯了大忌讳。

鲁迅先生在《野草》中有个故事。一家人生了男孩，全家人无比高兴，后继有人。男孩满月时抱出来给客人们看。其中一位客人说这孩子将来要发财，这家人听到这样的祝福万分感谢；另一个客人说这孩子将来要做官，这家人更是欢心；第三个客人说这孩子将来会死，于是家人把这位客人打将出去。升官发财这些没根据的奉承话得到红鸡蛋，而说将来会死这样的"大实话"却得到拳打脚踢。

　　人们不愿意谈论死亡，是因为死亡总是与悲伤和痛苦相伴。当死亡真正降临身旁，面对失去的亲人，最直接的体验就是撕心裂肺的痛苦和悲哀。


　　21岁那年，准备报到参加工作的前几天，我的爸爸走了。

　　那天早上，爸爸在医院静脉输液，因为药厂10%的葡萄糖溶液过期失效，引起输液反应。紧急抢救后暂时体征平稳，但是深夜降临时，爸爸却没能挺过去。

　　那是漆黑寂静的夜晚，我心里一直惦记着爸爸，辗转反侧，难以入眠，闺蜜陪着我。凌晨一点多钟，外面传来急促的敲门声，我快步冲去，开门后看见爸爸的同事赵叔叔："薇华，你爸爸刚走了，快去医院吧。"

　　我反问到："我爸爸去哪里？"

　　"你爸爸刚死了！"赵叔叔大声说到。

我随即瘫倒在地，趴在地上痛不欲生地放声大哭。撕心裂肺的哭声在寂静的夜里搅扰四邻……

赵叔叔用力拽着我的膀子，往上拎："你妈妈已在医院哭的休克了，你是个懂事的好孩子，快点收拾一下，去医院看爸爸。"

我瘫坐在地上，使尽浑身解数，用最大的力气挣扎着爬起来，跌跌撞撞地往屋里走。

那是我人生中最痛苦、最黑暗的夜晚。

到医院后，我看见爸爸静静地躺在那里，鼻翼上还有湿漉漉的汗珠，手上还有熟悉的余温。但无论我千呼万呼，爸爸却始终闭着眼睛。

爸爸死了，一个活生生的人，昨天音容笑貌还萦绕耳畔，今天却是生离死别，阴阳两隔。父亲的突然离去，对21岁的我来说，是何等的残酷和痛苦，我还没有来得及尽一份孝心！

一年的时间里，我不愿摘去左臂上的黑纱，不喜欢旁人提及"爸爸"这个字眼，不愿意看到电视上涉及父亲的话题。好几次走在路上，看见远处有个身影很像父亲，我都会飞快地跑去，一路大声喊着"爸爸"，常常吓坏了被我拦住的人。

随后的十年间，爸爸经常会出现在梦里。但梦境是同样的，爸爸走丢了，全家人在四处寻找着，一找就是十几年，我也惊慌失措，醒来却忍不住泪流满面。

最近十年的梦境里，他回家了，身穿深色的中山装，不说话，静静地坐在沙发上。最近五六年的梦境中，爸爸衣服的颜色浅了，面孔清晰，开始絮絮叨叨地与我说话。

三年前的一次梦里，天气很热，爸爸完打完篮球回家，光着膀子，身上的汗珠和肌肉的线条还依稀可见。

我常常在想："如果有穿越，能与爸爸相见吗？如果用催眠，能与爸爸相逢吗？"我特别想知道爸爸在天堂里过得怎样。

失去父亲后，我害怕死亡，痛恨死亡，也质问死亡。对待母亲，我诚恐诚惶，害怕再失去任何我深爱的人。我不想死亡靠近我、靠近我身边的人。经历了生死离别的痛苦，才能明白生命所赋予的意义。随着年纪增长，我开始逐渐体会到责任的重要性，也慢慢释怀，懂得死亡终将来到每个人身上，任何人都无从躲避。

生命就像一本书，出生是封面，死亡是封底。生命的延续就是在生死别离中传承，在痛苦经历中体验。我们无法改变封面，无法预料在哪里出生，也无法拒绝封底的到来。但是书里的故事情节，我们可以自由书写。

每早醒来，环顾四周，我都心生感恩。幸好自己还活着，还有时间去尽孝，还有健康的身体，还能去工作，还能享受生命。

死是必然，所以要真心活好。善待生命，善待生命中遇见的每一个人、每一件事，珍惜每一天，才能死得其所，不留遗憾。

## 悲伤情绪对一个人的影响有多大

著名精神科医生恩格说过这样一段话："人因为失去亲人所承受的悲伤，相当于受创伤或烧伤的人在生理上所承受的创痛。"

失去亲人会使人们产生一种高度的情感失落感。这种失落感包括极度悲哀，甚至会怨恨逝者弃己而去，或者是埋怨自己在某些方面的过失，还会体验愧疚、自责、焦虑、疲倦、无助感、孤独感、惊吓、苦苦思念等一系列的痛苦。

有一则关于死亡的宗教故事：一位母亲抱着病逝的儿子去找佛陀，希望佛陀能救活她的孩子。佛说，只有一种方法能让你的儿子死而复生，你到城里去，向没有死过亲人的人家要一粒芥菜籽给我。被痛苦折磨到愚钝的女人马上去找。可是找遍整个城，竟然没有带回一粒芥菜籽。因为，世上根本不存在没失去过亲人的家庭。最后，佛说，你要准备学习痛苦。

悲伤是一种极富杀伤力的恶性情绪。虽然悲伤本身不是一种疾病，但是它给人所带来的伤害却超过一般的疾病。如果悲伤这种情绪反应持续过久或过强，可能会变成一种病态。

心理学有数据实证，身边的亲人突然离去后，至少会有180天，也就是半年时间，一个人处在悲伤和痛苦的情绪中，这是一个正常人的情感宣泄。乐观的人能在亲人去世后的6个月内找到积极意义，表现出较好的心理调节能力，并在随后的18个月表现出较少的抑郁或焦虑症状。

## "生死教育"到底能给我们带来什么

中国人讳言死亡是几千年来延续的传统。死亡经常和诅咒、晦气联系在一起。可死亡是真实存在的，从呱呱坠地的那一刻起，生命就在逐渐走向死亡。这是个简单且不会改变的事实。死亡不会因为亲人朋友的去世才离你更近，也不会因为讳莫如深而远离你。

我们每个人没有选择出生的权利，出生是父母赐予的。

但是每个人却有选择"生活方式"的权利，也有选择死的权利。很多人希望老到自然死，但也有人会为他人而死，为理想而死，为事业而死，为爱情而死，更有人因为想去死就真的去死。"成全"一个人的权利也许就是最好的祝福。

真正对生活有过深刻体验的人，一定是有过死亡体验的人。不过，活明白的人反而看淡死亡。有些人在活着的时候，明白死亡的必然降临，甚至会事先预想死亡的状态，因此不再惊恐畏惧。正视死亡之人绝不会轻易选择死亡。因为通过死亡，他们更加深入地理解了生活的意义。相反，那些怕死、避讳死亡的人，反而会处于死亡的惶惶不安之中，甚至生不如死。

生与死，仅在一念之间。尊重生者活着的权利，与尊重死者选择死亡的权利，一样重要。尊重选择生死的权利，也是尊重逝者尊严，是对逝者的敬爱和怀念！

韩国非常流行一种名叫"死一把"的游戏。

参与这个活动的人要进行以"生命的意义"为主题的测试。测试者留下"遗照"，写下"遗嘱"，然后穿上麻布寿衣躺进棺材。测试者能在棺材中听到外面的哭声，大约15分钟后，工作人员再打开棺材，体验活动到此为止。

"死一把"游戏是既时尚又及时的心理测试游戏。生命被当作一场租赁，提前体验死亡的痛苦，会使生命感受到活着的珍贵，更加珍惜每一天和每个人。

"生命教育"帮助人们正视生死，树立正确的生死观，进而审视价值观。不轻易为自己和他人的生命去冒险，也不做违反常规的事情，懂得在死亡的信号灯前及时掉头止步。

珍视生命，活在当下。

# 100岁寿星的养生之道

长寿老人是一宝。我所接触过最长寿的老人是我婆婆。

婆婆90岁生日聚会时，已是四世同堂，当时，全家七十多个儿孙们给婆婆庆寿。我与婆婆聊到养生的话题，婆婆讲了很多有趣有教益的道理，我觉得很有必要让家族的子孙都要知道。

我对婆婆说："您到台前给儿孙们说一说养生的秘籍吧。"

面对家中七十多个子孙，婆婆说了一段经典的长寿经。

"人长两个耳朵是做什么用的？"婆婆上场就发问。

场下七嘴八舌的儿孙们安静下来。

婆婆继续说："人长两个耳朵，话从左边耳朵进去，从右边耳朵出去。我活了九十岁，见了很多人、遇了很多事、听到了很多话，但是我把耳朵清洗得很干净，我只记住了好人、好事和好话，那些不好的人、不好的事情、不好的话，我统统都忘到脑后了。耳朵干净了，心就清净了，这就是我的长寿经验。"

"学会忘记是生活的技术，学会微笑是生活的艺术。"懂养生的婆婆又活了10年，成为百岁老人。

婆婆的养生之道验证了中医的"病由心生"。养生的道理很简单，清洁耳朵、不听引来负能量的话语。

婆婆99岁的时候，我去南京看望她。小姑子在纸上写着："妈，你的儿媳妇王薇华来看你了。"

婆婆看着纸上的文字，点点头，望着我笑了。婆婆还认得我。

婆婆多年来一直与小姑子夫妻俩生活在一起。99岁开始，婆婆有些失忆，偶然会大小便失禁，基本不太说话，牙齿也落光了。但是婆婆仍然满脸光洁，没有老人斑，甚至没有皱纹。

婆婆失忆后，只认得小女婿，极其孝顺的小女儿都不认得。有时婆婆会问女婿："坐在你身旁的那个女人是谁呀？"

虽然婆婆记不住最爱自己的小女儿，但是小女儿却是她的"贴心小棉袄"。

小时候常听妈妈说："女儿是爸爸妈妈的小棉袄。"

如今真正理解"小棉袄"的含义。父母老年无助、生活不能自理、甚至失忆时，"小棉袄"依然无微不至地照顾、不离不弃地呵护着。

父母长寿是儿女的福气。父母长寿的背后一定有个无怨无悔、愿意照顾父母的子女。"久病床前无孝子"，愿意奉献、不惜时、不惜力、不惜钱，无怨无悔照顾高龄老人的子女世间鲜有。

幸福的人生应当有始有终，才算完满。出生之后是爸妈的宝贝，受到父母的宠爱；老了之后，成为儿女的宝贝，让子女心疼，这就是人人艳羡的幸福人生。

我常说："小姑子是我见过最孝顺的女儿，小姑丈是当之无愧的中国第一好男人、好女婿。"如今百岁的婆婆驾鹤西归，小姑丈94岁的母亲又跟着小姑子一家共同生活。

杜拉说："爱之予我，不是肌肤之亲，不是一蔬一饭，它是不死的欲望，是疲惫生活中的梦想。"在小姑子家里，我遇见的爱情就是这样的：结婚33年，每晚丈夫都会端来一盆热热的洗脚水，妻子先洗，自己再洗。在小姑丈的眼里，妻子的饭菜最好吃，妻子是天下最美丽、勤劳、孝顺的女人。在小姑子心目中，丈夫是天下最幽默、最大度、最体贴的男人。这就是现实中平平淡淡、相濡以沫的爱情。

什么是福？耳朵里听不见是非，眼睛里看不到争斗，嘴里说不出伤人的话。什么是乐？经历过许多坎坷，没被困难打倒；感受过很多悲苦，没沉沦不可自拔。什么是爱？无论时光流转，星云变幻，你依然是我心中最美的宝贝。


记得有位养生专家说过这样一句话："活不过九十岁是自己的错。"能否长寿取决于个人。

有句话说："生得好，病得少，活得乐，死得快。"生得好靠父母，感恩父母赐予我们生命；病得少在自己，会吃、会喝、会睡、会锻炼、会养生，就会少生病；活得乐在心态，要有乐观、豁达之心，做自己情绪的主人；死得快就是无疾而终，离世之前没有疾病和疼痛缠绕，而是顺其自然，归于尘土。

前几年，记者采访中国百岁老人最多的城市，中国长寿之乡——江苏如皋。记者整理后，发现了长寿老人的饮食习惯。

1. 九成老寿星喜欢吃豆制品。

2. 大多爱喝粥，特别爱粥油。

2. 多吃江海河三鲜和当天菜。

4. 主食粗杂粮，常吃凉拌菜。

5. 豆腐白菜常备葱姜蒜。

长寿不难，关键在行动。"吃出长寿健康来"，管住嘴，不吃对身体不利的食物。"活到九十岁以上"，清洁耳朵，耳朵是个通道，左耳进右耳出，只记得好事、好人和好话。

# 白头到老的5:1黄金比例

语言在婚姻当中的意义和作用非常的重要。

什么样的夫妻能够白头到老，在婚姻期间能预测吗？心理学家在实证研究中做到了预测夫妻是否能够白头到老。当然，这不是算命，而是实实在在的心理实验。

著名的情绪专家西雅图大学约翰·高特曼教授，在1992年时曾对700对夫妻进行了15分钟的随机谈话内容的观察研究，随后由他的研究小组替这些夫妻之间的情绪互动打分数，并且以正、负面情绪5:1作为基准线，预测10年后哪些夫妻会离婚，哪些夫妻仍会在一起。

　　难道心理学家通过夫妻的一段15分钟的谈话交流，就能预测这对夫妻是否白头到老，就敢断定这对夫妻的婚姻是否美满？是不是有点玄乎！事实上，这项实验后的最终结果还真的是蛮准确的。那么，这其中的玄机又在哪里？

　　高特曼教授是这样分析的：在婚姻或是恋爱关系中，如果夫妻间的正面情绪互动与负面情绪互动的比例是5:1，这对夫妻就会白头偕老。如果低于这个比例，或者正、负面情绪接近1:1，那么这对夫妻就很有可能会离婚。

　　5:1言语互动是夫妻间能否白头到老的黄金比例。已婚者可以自己测试一下：你与爱人在生活中谈话时，是正面、积极、肯定、赞许的语言多，还是负面、贬损、挑剔、否定、质疑的语言多？

　　你们夫妻之间的言语互动是高于5:1，还是低于5:1？

　　心理学家并不只是算命先生。很多时候，是通过科学、有效的实证调查来发现和研究在家庭生活中怎样的夫妻更容易白头到老。

# 快乐模式可以训练

心理学家在研究中发现：快乐由很多因素决定。人的快乐50％由基因决定，40％源于日常活动，剩下的10％来自客观环境和生活状态，比如金钱、地位等。我们有40％的机会可以创造自己的快乐。

心理学家肖恩·阿克尔花了几年时间在哈佛大学研究快乐。他证明大脑在积极状态下表现更好，比处于消极、中立或者沮丧状态下活跃31％。当大脑处于"快乐模式"或"积极心态"中时，多巴胺会进入到大脑系统，产生两个积极作用：一是使我们更快乐；二是打开大脑中所有的学习中心。如果我们找到一种使自己积极向上的方法，那么大脑运转会更成功，工作效率会更高。简单地说，我们可以像训练身体一样训练大脑。

## 像训练身体一样训练大脑

哈佛大学心理学教授艾伦·朗格在1979年证实了这一

点。1979年，艾伦·朗格教授在新英格兰的一处独立宾馆开启了一次伟大的心理学实验。

她事先翻修这家宾馆，外部装饰和家具设计都按照1959年的风格布置。她找来16位年纪在75–80岁的男性老人，参加为期一周的实验。这些老人大多数由家人陪同而来，老态龙钟，步履蹒跚，行动不便。研究者给老人逐一做体检，并详细记录，告诉老人们不要将看见的情景视为怀旧，要假装这是一次时光旅行，让自己返回20年前。

老人们入住后，统一换上1959年时期的衣服，胸牌的照片也是当年的。屋里所有的装饰、报刊都是1959年。老人们读50年代的报刊，讨论卡斯特罗在古巴的军事行动、美国第一次发射人造卫星等。老人们看50年代的电影和情景喜剧，听着当年的音乐，冰箱里装着20年前才有的食物，周遭的一切都是1959年的样子。

实验要求老人们积极生活。他们一起布置餐桌、收拾碗筷。没人帮他们穿衣服，或者扶着走路。唯一的区别是，实验组的言行举止必须遵循现在时，让自己生活在1959年；而控制组是过去时，用怀旧的方式谈论和回忆。

一周后，研究人员给老人们做体检。惊讶地发现这些老人们的心理和生理年龄都减小了。他们的视力、听力、记忆力都有明显提高，血压降低，平均体重增加3磅。在各项测试中变得更灵活，老人们的手掌、双腿、身体各处都变得更强壮。在测量指骨间的距离（人越老，骨骼间的空隙变得越小，指骨变得更紧）时发现，他们的手指变长，他们变得更快乐，变得更加自立、更少依赖。

实验组的老人进步更加惊人，他们的关节更加柔韧，手脚更加敏捷，在智力测试中得分更高，有几个老人甚至玩起橄榄球。局外人被请来看他们实验前后的照片，表示难以置信。

短短一周内，通过"扮演"55岁壮年男人的角色，这16位老人们进入了强大的积极情境，这种情境改变了他们，让他们忘记衰老、忘记七八十岁老人的身份，只关注当下55岁的角色，关注更年轻、更积极的状态，这些心态和行为让老人们的大脑和身体产生奇妙变化。

艾伦·朗格教授说："衰老是被灌输的概念。老年人的虚弱、无助、多病，常常是一种习得性无助，而不是必然的生理过程。如果一个人能突破大众心理，突破自己的心理年龄，在内心接纳并扮演自己真正喜欢的角色，年龄对这样的人来说只是岁月的数字，而不是岁月的痕迹。"

## "U"型快乐模式

英国与美国社会学家研究表明，人一生的幸福感呈现

"U"型曲线，年轻与年老时最快乐，中年感觉最不幸，"谷底"在44岁左右，也被称为"中年剪刀差"。

俄罗斯的研究者调查了来自80多个国家的200多万人后发现，在不同国家、不同人身上，幸福感随年龄变化的走势惊人地相似，均呈现"U"型曲线。性别、婚否、贫富、有无子女、职位与收入变化等因素都不会影响幸福感曲线的整体趋势。

人的一生在早期与晚期一般感觉良好，中间过程却充满种种艰难。44岁前后是感觉最糟的时候，这段"考验"一般会持续数年。

大脑的变化影响了年轻人和老年人的快乐。研究者发现，脑结构中与年龄相关联的改变会影响快乐。大脑中的额叶在生命的前20年渐渐趋于成熟，在45岁时开始退化。这意味着，当我们发育时，缓慢提高某些额叶的功能，而这些功能在后续生命中失去。

研究还发现，在大脑额叶中的发展性变化似乎反映出人们从坏消息中获取教训的能力，这相应地导致在快乐方面，与年龄相关的差异。当人们的大脑成功地编入了坏消息会导致衰败；于是回避坏消息会使人们的大脑对未来保持快乐的态度。孩子，青少年和老人回避不想要的信息的次数多于处于中年阶段的人。在人们的寿命中，这种回避坏消息的趋势也是符合"U"型模式。

"我们发现并不一定是现实世界造就了我们，而是我们的大脑用来观看世界的那副镜片造就了我们的现实世界。如果我们换一副镜片，我们就不仅可以改变自己的快乐程度，同时还能使教育和商业结出各个不同的硕果。"（TED演讲人：罗莎琳德·托雷斯曾引用过得一句话）

以积极的心态看待这个世界，会造就我们快乐的大脑；凡事往好处想的思维模式，会影响我们的快乐与长寿。这也验证了，越快乐的人活得越久，悲观的人死得越早。

## 神奇的家庭文化编码

我们在超市购物时，会在每一件商品的外包装上，看到一个条形编码，这个外显的条形编码，会在收款台的电脑上显示出该产品的规类和价格。其实，在我们每个人身上，都有自己独特的、隐性的"家庭文化编码"。

家庭文化编码就是一种家庭烙印。家庭文化编码虽然看不见、摸不着，却是以一种内隐的方式存在着，并且时时刻刻影响着我们的言行。我们每个人的身上，都强烈地打上了我们所在家庭的烙印，这种烙印如影随形，相伴一生。

童年时期留下的家庭烙印，就像做饼干的模型，把我们捏成什么样子，长大以后就是什么样子。成人之后，我们会以童年时代接受的模式，解释和面对许多问题。

文化编码一词，最早是由英国著名教育社会学家伯恩斯坦在21世纪提出的。伯恩斯坦发现生活在不同家庭背景下的孩子，会形成各自不同的家庭文化编码。孩子们的规矩、习惯、处世的方式，很大程度上是由孩子的父母或亲戚长辈传授和教育给孩子的。

我们知道语言表达能力对学习(尤其是文科)至关重要。伯恩斯坦的"社会语言编码"理论认为，人们日常所使用的语言实际上是一种包含文化编码特征的语言，它呈现着言语者不同的经济文化状况。

伯恩斯坦通过研究发现，不同社会阶层的儿童的语言能力存在巨大差异。于是从英国的中产阶层(每人每月收入≥3000美元)和劳工阶层(每人每月收入≤500美元)这两个不同阶层的家庭中的7岁至17岁的青少年中各选取10个代表，进行模糊抽样调查。

**内容是请两个阶层的孩子来描述下面的4幅画。**

1. 一群孩子在踢足球。

2. 足球打在了足球场旁边的一住户家的玻璃上，玻璃碎了。

3. 一位中年妇女抱着足球出来，张着嘴巴在说话。

4. 孩子们抱着足球跑了。

10个来自中产阶层的孩子说："在一个风和日丽的下午，我们去踢球。一不小心，我们把球踢到了邻居玻璃上，打碎了玻璃，我们赶紧上前去赔礼道歉并要求赔偿。但是她不要，我们把球抱回来又开始踢球了。"

6个来自劳工阶层的孩子说："我们去踢球，我们把球踢到了胖女人家的玻璃上了。胖女人一出来就骂我们，我们也骂了她。后来我们抱球偷跑了。"

另外，4个来自劳工阶层的孩子说："我们踢球，踢到她的玻璃上了。她出来之后让我们赔，我们两个人跟她说话，另外两个人抱球偷跑了。"

这个著名的实验，反映出家庭社会文化背景对孩子的影响。

伯恩斯坦评价："中产阶级孩子的看图说话表示为精致的文化编码，语言使用复杂句、高级语法、语句畅顺，造句词语丰富、规范优美，叙说条理清楚、逻辑严谨；具有民主、宽容的品质，遇见事情也展示内心的阳光和积极，表达有系统性、逻辑性、文学性、修养性。而劳工阶级孩子的看图说话表示为粗糙的文化编码，语言没有系统性、没有逻辑性、没有文学性、没有修养性，心里灰暗、语言简单，伯恩斯坦在《阶级、语言编码及控制》一书中指出："家庭文化决定着一个儿童的思维方式，思维方式决定着该儿童的语言，语言决定着他的学业成就。"

父母在亲子教育的土壤里"栽什么树苗，结什么果；撒什么种子，开什么花"，家庭教育对成长起着关键性的作用。

父母与子女在生活、交往中，无时无处都在使用着某种特定的语言，每时每刻都在展现自身家庭的文化编码特征。不同家庭成员之间存在着不同的文化素质、语言表达、语气、语态等差异。文化层次愈高的家长，语言交流中带有精制文化编码的特征；而文化层次愈低的家长，其语言交流中带有粗制文化编码的特征。

如果把父母比做复印机，孩子就是复印件。孩子在父母的影响下，潜移默化中模仿父母的行为，接受父母对个性的教育。父母不仅是孩子的养育者，更是缔造者，父母对孩子教育的投入决定孩子一生的幸福。

# 你家有"家庭仪式"吗

## 何为家庭仪式

家庭仪式是夫妻双方共同营造的家庭气氛。幸福的家庭氛围通常是安祥、快乐和放松；不幸的家庭氛围表现为冷漠、拘束和痛苦，甚至令人窒息。

家庭气氛的营造与一个家庭是否拥有"家庭仪式"息息相关。家庭仪式会使一些很平凡的事情变得有意义、普通的事情变得很特别，一家人会因为家庭仪式中的程序和规矩变得更亲密、更和谐。

记得小时候每次放学回家进门前，我都会在屋外喊一声："爸爸妈妈我回来了。"这时，爸爸或妈妈总会有一人马上开门出来，手上拿着一个"打土棒"（用布条捆绑的），将我全身上上下下，来回拍打数次（西北风沙肆虐，尘土太多）。

这时，爸妈总是一边拍灰土，一边问询我在学校的情况。我喜欢爸妈帮我拍打灰尘时的感觉，我会伸伸胳膊，伸伸腿，来回扭晃身体，故作娇憨。如今想来，"打土棒"拍打灰尘是家里的一种仪式，是爸爸妈妈在表达他们对儿女的爱抚和关切。

每晚睡觉前，我们会习惯性地向爸爸妈妈问安；早上起床，第一件事是向爸爸妈妈逐一问早安。这些小小的家庭仪式，打破日常生活的忙忙碌碌，让我们对父母有了感恩的机会。

## 春节的"家庭仪式"

每年腊月二十四是传统的扫房子的日子。爸妈会号召全家人一起大扫除，安排一家人把所有的家具、物品搬到院子里，再把房间的边边角角清扫干净，将地面的砖缝、窗台的玻璃缝、小板凳的缝隙都清扫得干干净净、一尘不染，再把家具和用品一个个搬回屋里。晚上劳累一天，看着明窗几净的屋子，心情愉悦，心生期盼，快过年了。

大年三十包饺子，更是全家人出动。摘菜、洗菜、切肉、和面、擀饺子皮，包饺子，没人能闲着。包饺子的时候，妈妈还会教我们往饺子里放上一些宝贝：糖果、花生、红枣、硬币等，每当吃饺子的时候，更是一阵欢笑、一阵尖叫，在喜庆的年味中，快乐的家庭仪式带来一年中最美好、难忘的时光。

我的任务还有在玻璃窗上贴剪窗花，哥哥们去粘贴爸爸写的春联，放鞭炮、守夜、团拜……这一切都是爸爸妈妈带着我们怀着"仪式感"在"庆祝春节"。

大年初一的早上，一睁眼，第一句话就是大声向爸爸妈妈问新年好，随后得到爸爸妈妈给的压岁钱。记得十岁那年在山东姥姥家过春节的时候，还要给姥姥和姥爷磕头行大礼呢！

如今回忆"家庭仪式"，心里充满浓浓的感恩、敬畏和责任，还有对父母深深的怀念。父母在家庭仪式中教会孩子们的每一个礼数、规矩和习惯，都紧紧地维系着一家人的情感和快乐。

## 家庭仪式营造幸福家庭

在家的时候，每逢家里人过生日，全家人都会给予祝福。生日这天，一定会吃到加一个大鸡蛋的长寿面，还会收到爸爸妈妈给的小红包。最重要的是，生日这天，寿星能吃到第一碗面。

家庭仪式是一家人共同享有特殊经历的时刻，它让孩子们感觉到生活的情趣、父母的可敬、自己在家庭中的重要性；感受到父母、兄弟姐妹对自己的重视，这份美好的家庭仪式，建立了子女对家庭的安全感和归属感，留下了对家庭生活的珍贵记忆。

说到过年，如今，过年的年味儿是越来越淡。最后浓缩到一家人凑在一起，吃一顿丰盛的大餐，等待央视的春节联欢晚会。我们的"家庭仪式"在渐行渐远的同时，也在远离那些值得崇尚、期待和传承的美好时光，远离那份敬畏、感恩和难忘的美好生活。

一个家庭中，保持必要的"家庭仪式"，既是父母懂生活、爱生活的表现，也是父母教给孩子们享受生活、传承生活的美好方式。"家庭仪式"更是营造"幸福家庭"的核心元素。

## 有一种幸福叫快乐阅读

接触阅读源自童年时代家里的书架。那是七十年代初期，在近万人的大企业中，爸爸的书架既是他的骄傲，也是我喜欢阅读的起源。

## 阅读启蒙源自爸爸的书架

七十年代的小学生，课余时玩耍的游戏是踢沙包、踢毽子、跳格子，还有捉迷藏，家里最奢侈的娱乐项目是听收音机。我的童年时代基本没有玩具，爸爸的书架就是我消磨时光的地方。我会搬个小板凳，坐在书架前，一本又一本地翻看着书架上的存书。

书架是木制的，两侧有四根木棍支撑，中间由六七块木板一层层隔着，看起来简单又厚实。在每层一指多宽的木板上，爸爸都详细标注着书籍的类别。孩子的小人书和连环画报都放在最下层，便于拿取。上面的书籍有毛选、参考资料、世界地理、中国地理、十万个为什么、唐诗宋词，还有许多科普类和文学类书籍。最上面一层的书籍我需要踩上板凳才能拿到。

在我无聊和没人陪伴的时候，爸爸书架上的书籍给了我温暖的陪伴。对宇宙的好奇、对世界的认识、对学习的兴趣都是从翻阅书籍中获取的。在阅读中获取好心情、忘记寂寞和烦恼，成为我一生的快乐法宝。

当我自己成家时，在添置床和桌椅板凳的同时，我又搬回了书桌和书架。家里有书桌和书架才是完整的，才会更加快乐幸福。

## 阅读成为生活习惯

我对爸爸的记忆定格在这样几个镜头：爸爸手捧一本书在阅读、低头在练习书法、托腮听我朗读文章。爱读书、爱阅读是爸爸的习惯，爸爸经常给我推荐好文章、好书籍。记得初中时，我的作文获奖了，并登在当地的报纸上，我站在窗前，听到爸爸在门外与他人兴奋地分享这个消息的场景，至今还历历在目。

受爸爸的影响，阅读也成为了我的生活习惯，成了我的生活中不可缺少的环节。在屋里的床上、柜上、沙发上，阅读的书籍随处可见，每天在家里必须看书、外出时包包里必须带书。

数年前，我在北师大参加心理咨询师的学习，同学们热烈分享个人爱好：旅游、美食、烹饪、唱歌、听音乐、看电影，而我回答道："我的爱好是阅读、看书。"当时同学们哄堂大笑，我随后又说了一遍："我的第一爱好真的就是阅读书籍。"当时肯定有人以为我在抬高自己，其实我只是实话实说。

## 读书可以改变命运

60后的读书氛围是"好好学习，天天向上"。 目标简单又明确：热爱学习、认真读书、做一个德智体全面发展的好学生。那时既没有游戏机和电视机，也没有兴趣班，学生们放学回家后要么看书学习、要么出门与同龄人一起玩耍。因为我有阅读的习惯，所以大部分时间都是在看书。长大工作后，每天阅读的习惯一直陪伴着我。在高中毕业后的20年，我考上博士研究生，五年博士毕业之后，开始跨学科研究积极心理学，在45岁时成为一名作家和老师，这一切都得益于坚持阅读和不间断学习的好习惯。我的成长之路也验证了爸爸的教导：读书可以改变命运。

　　初中时，老师布置过一篇作文，叫做《读书与幸福》。我在作文中写道：如果把知识比作大海，我愿做海中的一尾游鱼，带着无尽的渴望和好奇，在浩瀚的书海中，尽情地遨游；如果把读书比作美食，我愿做天下最好吃的食客，带来无限的欲望和贪婪，在美食的咀嚼中，纵情地品尝。我爱读书，读书让我觉得幸福。

## 阅读能带来什么

　　每一本书就如一扇大门，阅读就是在打开一扇又一扇的大门。通过阅读，我们欣赏到不一样的风景、体验到不一样的人生。阅读把我们引领到不一样的世界。

　　曾经看过一幅画，画里有三个不同高度的人。第一个人脚下没有一本书，站在那里，看见的就是地上的花草；第二个人脚下垫着与身高一样厚度的书籍，他站在书上，看见了墙外的风尘世界；第三个人脚下垫有几倍于身高的书籍，他身处云海之中，与霞光呼应、与太阳同辉，一览众山之小，世界尽收在他的眼底。

世界这么大，上下五千年，认识世界最快的渠道就是阅读。在书籍的海洋中，可以纵观历史、横穿世界，可以与贤者对话，可与今人握手。阅读让你对世界产生敬意、对生命心怀敬畏，对生活心生感恩。

## 阅读是给人生打底色

每个人出生时都是一张白纸，填补未知的最佳方法就是阅读和学习。学习知识可以使我们从单纯无知的人变为有技能、有作为的人；阅读和学习让我们认识周遭、减少未知带来的恐惧感；阅读和学习帮助我们了解世界、认识世界，改造世界；阅读和学习会让我们的生活变得更加的美好和有趣；阅读和学习让我们与世界亲密接触，让我们充满信心、不再惊慌失措；阅读和学习所带来的正能量，让我们心身健康、心灵丰满；阅读和学习带来的快乐犹如营养素，让我们的生活变得色彩斑斓和丰富多彩。

# 教儿女一技之长：练习写作

有句话说的好："一个好母亲，幸福三代人；一个好爸爸，顶一百个老师。"如果把父母比作原件，孩子就是复印件，复印件是否优秀，关键在于原件的质量。

如何把儿女培养成优秀的孩子，既是父母面对的试题，也是对父母亲教子能力的考验。拥有一技之长的孩子能够立足于社会，有生存的能力。在孩子的童年时代，家长们个个望子成龙、望女成凤，恨不得给孩子教授万般武艺。例如上各种兴趣班，已经成为中国孩子童年时代的任务。孩子跟着各科老师学习技能，家长们也图个清闲。

有两样最重要的技能需要家长亲自传授给孩子：一是说话；二是写文章。

受到父亲的影响，我从小就喜欢朗读课文，小学时开始喜欢写作文。初中时语文老师抱着一大摞作文本进教室，我的总是放在最上面，当作全班的范文朗读给同学们听。这极大地提升了我写作的信心。

孩子们上小学之后，我发现儿子的作文还不错，但女儿的作文不太好，内容如同流水账。于是我开始有目的地实施"写作计划"。

儿子从五年级开始，女儿从四年级开始，每个周六日定期完成一篇作文。四年级四百字、五年级五百字，以此类推。一开始，孩子们并不是很愿意接受写作训练。玩耍是孩子们最感兴趣的事情，写作难免有些索然无味。

我的方法有些功利，写完一篇奖励几元钱，可以去买自己喜欢的书籍。同时，我还给孩子们配上手机，便于直接发信息或打电话给我，获取写作文的题目、段落大意和中心思想。文体形式包括记叙文、散文、读后感，后来还有议论文。

提高写作技能有两个途径：大声地朗读和经常性地练笔。经常练笔可以增加词汇量及语言表达的流畅性，形成自己的写作风格，并增强写作功底。孩子在小学期间的写作训练，更是关系孩子未来的写作水平。

当我在外面忙于工作时，有时会接到女儿发来的信息："妈妈，今天的作文题目是什么？"当时我正忙得焦头烂额，就随口问身旁的同事："谁帮我给个小学生的作文题目？适合五六年级的学生。"同事们七嘴八舌地贡献题目。

可惜的是，同事们所提出的题目，大多数都写过了。

培养孩子写作习惯的最佳季节不能错过。通过小学时定期的、不间断的写作练习、朗读练习，使孩子们的语言表达能力和写作能力会有扎实的功底与稳步提升。语言是我们与世界沟通的方式，无论口头语言还是书面写作，都是非常重要的技能。成熟的语言技能，可以帮助孩子们更好的与他人沟通、更好地融入社会、更好地观察和理解这个世界。

2009年秋，在儿子14岁、女儿12岁的生日之前，我把两个孩子在这三四年间陆续发给我的作文集结成书，用两天时间从邮件中找出每一篇文章，按照时间顺序排列好，再排版成书籍样，添加目录和页码，我亲自写上了寄语，还让两个孩子分别写前言和后记。

记得当时我问女儿："你知道自己在三年中写了多少字的作文吗？"

女儿瞪大眼睛，想了想说："妈妈，有一万字吗？" 12岁的女孩对数字还不是很敏感。

"宝贝，你的作文一共有64000多字，很多呀！"

女儿的作文从最初使用简单、普通的用词，没有修辞和形容词，到后来一篇文章行云流水。儿子的作文集是47000字，还有两本玄幻小说，一本是51000字，一本是48000字。

儿子的两本小说集是怎样写成的呢？

儿子上小学四五年级时开始接触电脑和游戏。初中之后对游戏更是迷恋至极。儿子的小学成绩一直不错，初中后进重点实验班，竞争很激烈。我向来很反对儿子迷恋游戏。记得初一暑假第一周，孩子从早到晚连续玩游戏，不做暑期作业。我忍耐到第六天，终于快要发火了，但依旧耐着性子，午饭后请兄妹俩上楼开会。

按照家里的习惯，如果饭后我说："今天爸爸洗碗。"这时，两个孩子都会异口同声地发出"嗨呀！"一声。因为饭后兄妹俩不洗碗，就是妈妈的"教导大会"时间。

我们家的教育方式很有中国特色——用开会来解决问题。

怎么开会？就是我给儿女们讲故事。

事先我会把近期孩子存在的问题分析清楚，找到孩子们喜欢的故事或事件，用讲故事的方式说给孩子们听，达到让孩子们理解领悟的效果。讲过故事之后，再让兄妹俩分别去写作文。

儿子最初有些抵触开会。入座的时候，他身体的姿势从最初侧斜、不看我，到随后身体与我面对面，认真地盯着我；女儿比儿子小两岁，每次都很乖地坐在我对面，仔细地聆听。

家庭教育用故事的方法，能引导孩子了解和认识更多事情。不强迫说教，不打骂、批评孩子，而是善善诱导、循序渐进。

儿子上大学后，有一次随我参加朋友聚会。席间一位朋友问我："王老师，能不能帮帮我，我爱人与青春期的女儿两人整天争吵，家里都闹死了。"

我还没有来得及说话，坐在身旁的儿子发话了："阿姨，你别着急，你要向我妈妈学习，慢慢地等待我们长大。"

当时听到孩子说这话，我特别感慨，这小家伙终于理解妈妈一直等待中的苦衷。

我马上说到："你用三句话对阿姨说一说，这19年来爸爸妈妈是怎么对待你的？"

儿子思考片刻后说："19年来，爸爸妈妈从来没有说过一句让我心里难过的话；当我和爸妈的意见不相符的时候，他们都尊重我的意见；当我做了令他们不可思议的事情，他们都理解我。"

每家都有一本难念的育儿经。当60后遇见90后，不能打、不能骂、不能伤感情。通过开家庭会议，用妈妈给孩子讲故事的方式，可以帮助孩子走过青春期的烦躁，认识到学习的重要性，并加强亲子沟通。

记得一天中午的家庭会议中，我不是讲故事，而是算账。我安排兄妹俩算一算家里的东西大约都值多少钱，随后又问钱是从拿里来的。兄妹俩回答："爸妈挣的。"我问："爸妈怎么挣的？"孩子们说："爸爸妈妈有本事。"我说："废话！你们俩算一算，妈妈从小学读到博士毕业一共读了多少年？读了多少本书？学习了多少门学科的书？"

随后，我又问兄妹俩："长大后你们想做什么工作？"儿子说："网络工程师，设计游戏软件。"儿子喜欢打游戏。女儿说："女主播。"女儿喜欢朗读。我问儿子："工作后想挣多少钱？"

最后我又问他："要挣到你理想中的收入，你需要学习多少门学科的功课？你需要读多少书？"

这次的作文题目是赤裸裸的《钱，贫穷者，有钱人》《我的理想》，要求写两篇。

第二天晚上，儿子坐在电脑前，没说话，含着眼泪把游戏软件都卸了。我又趁热打铁，让他再写一篇文章《我与网络》。

游戏软件是卸了，对电脑的游戏瘾依然困扰着儿子。他经常在晚上作业完成之后，手痒了又想玩游戏，于是央求我："妈妈，我再玩一会可以吗？"家里的规矩是说话算数，说到就做到，孩子很无奈，但是他坚守承诺。

我给儿子出主意："把你游戏中的情节、人物、对话和事件都写下来，一样是打电脑，还可以练文笔，怎么样？"

孩子照办了，随后近一年的时间，每天晚上完成作业之后，开始写小说，不到一年，儿子完成了近10万字的两本玄幻小说：《左手写爱右手写伤》和《血夜当空》。

进入初三，临近中考，玩的机会更少了。孩子已懂得学习的意义，也不用家长再盯着读书、催着学习了。

大多数的家长在婚后都是仓促应战做了父母，缺乏教育孩子的经验。没有经验不怕，关键是做父母的要用心，舍得花时间和精力同孩子一起成长，关注孩子成长期的每一个过程，用孩子能接受的方法来引导和教育孩子。

爱孩子，不只是让孩子吃好、身体发育得好，更重要的是帮助孩子内在发育健全，不错过成长期需要的每一个环节。

## 妈妈的寄语

我曾撰写过一本10万字的博士论文、21万字的积极心理学著作《幸福法则》和15万字的专著《心理健康法则》。我知道写作的艰辛和收获的喜悦。

今天我在为自己14岁的儿子颜旭编辑《记忆的天空》、12岁的女儿颜安编辑《多彩的花季》时，心情难以平静，这是我的一双儿女有生以来的第一本作文集。

在整理好每一篇作文后，最令我惊讶的事情是：女儿这几年里居然写作出六万四千多字的作文。这一篇篇作文是出自我那个对写作文并不感兴趣的女儿之手吗？在吃惊之余我又深感欣慰：我的女儿如今就是能写出这么好的作文。

这六万多字，记载了女儿三年来（2007年-2009年）的部分作文。从朦朦胧胧带着幼稚文风的作文，到如今充满少女智慧的文字，每一篇文章中都镌刻着成长的足迹，每一行文字里都隐含着蜕变的影子。《多彩的花季》里记载着一个可爱的女孩子从童年迈向少年的过程。

如果说儿童期是一个孩子成长的基石，那么此刻，作为母亲加编辑的我，为儿女童年的经历中，每一对足迹上都满浸着阳光和快乐而欣慰着。身为母亲，以儿女为荣的同时，也欣慰在孩子成长的每个阶段，都渗透着做母亲的牵挂和操心。

我也常常在想：作为母亲，应该留给孩子什么？

出生时给孩子一个健全和健康的身体；落地后为孩子创造一个和谐的家庭氛围、培养一种积极乐观的心态；读书时给孩子提供一个好的学习环境、树立积极向上的信念；成人之后给孩子准备足够他们接受教育和生存所使用的费用，和一个有价值的人际脉络平台和社会背景。因为想到了，也就这样努力去做着。相信我的儿女已从父母亲的身上读懂了这些。

如果说这个世界上母爱的表达形式有许多种，那么为孩子编辑一本作文集，是我这位母亲在女儿12岁生日时，赠送给女儿的一份最特别的生日礼物，也是一份最真切的母亲爱儿女的情感记忆。

这12年里，我一直为自己有这样一个纯洁、优秀的女儿而自豪着。在这数万洋洋洒洒的文字里，我看见一个坚定纯真的女孩子在一天天健康地长大，似乎也已看到了在她未来的10年或往后的日子里，会从《多彩的花季》中走向世界的大舞台……

## 颜旭：《记忆的天空》前言

这是我第一次尝试写作文集。真的不简单，但是却很有乐趣！

时间悄无声息地消逝着，如今的我已经是一名14岁的初二学生了！到了新的环境，一切都是那么陌生，又是那么令我熟悉。和蔼的老师、热爱生活的同学们，让我油然而生一种对未来生活的无限向往。

时间走得真快，走得又是那么坚决。我留不住他，只能用这些作文来怀念他。这些作文都是我成长中的一点一滴。

这些文章都是我在领悟到一个个道理后写下的。有的让我知道了珍惜，有的让我懂得了知足，有的让我明白只有勤奋才能换取成功……如今的我们身处这个流光异彩的年华，我们又该做点什么来释放青春？

时钟滴滴答答地响，我知道那是我的生命在流淌。时间一分一秒地流逝，成就我们越来越成熟的身体和越来越聪颖的智慧。生活中的每一个片段加起来就是我们的成长历程。品味我们逝去的和正在逝去的，就是品味我们的人生。那一个个发生在我们身边的故事、成长的故事，让我们的生活充满了七色的阳光。

让我们在这流光溢彩的金色青春尽情释放我们的激情吧！但是请不要忘记，那些过去发生过的一点一滴，也是最美好的。我们不该把它忘记，因为它们是我们成长的一面镜子！

# 颜旭：《记忆的天空》后记

我人生中第一次尝试写一本作文集的滋味。妈妈曾经在北京写过一本关于积极心理学的书，我便拿来研究了好久。然后我发现，做什么东西还是要用心。

初二是我们通往成功的彼岸的一个重要阶段，所有的悲，所有的伤，都是不能缺少的。人生需要磨练与追求，需要一个让自己能不断迈步的目标来勉励自己。

正处青春年华的我们更应该努力在这个时候释放自己的青春、绽放自己的活力，因为这些都是为了未来的成功在铺垫。

自己的路自己走，我们应该摆脱父母的溺爱，脚踏实地一步一步向前。我相信，成功离我们并不遥远！

这是第一次把所有的心里话全部倾诉在作文集中。我们的青春才刚刚开始。未来还有很多次写这样作文集的机会。在成长的道路上，我们不能因为前进就把一些路途上美好的风光给忘记了，往往那些风景能改变一个人的一生。我们在今后还要发现生活中更多美的瞬间。我相信，那些瞬间，一定会在我的下一本作文集中出现。

最后，我要感谢我的父母，因为是他们把我带到了这个世界；我还要感谢我的所有老师，是你们，把我细心栽培；

最后我还要感谢我自己，是我自己的努力，换来了这本书的结局！！！

## 颜安：《多彩的花季》前言

我在很小的时候就开始写作文了。记得小的时候，我并不是很喜欢写作文，每次妈妈一叫我写作文，我的脑袋里就只会冒出两个字：应付。我从来没有认真地写过作文。在写作文的时候，我总是走神，思绪总是跟着眼前的事物走。人在电脑桌前，但心思已经跑到很远的地方去了。一篇作文经常要写一两个小时，而且写出来的作文没有可读性，错字连篇，语句一点都不通顺，有时还会离题……总之，小的时候我所写的作文简直就是一篇一篇的流水账！

可是，现在所写的就不一样了。经过长时间的作文练习，我的水平已有了很大的提高，不会再像小的时候一样了。这都是妈妈的功劳，因为，我写的作文都是妈妈耐心教的。如今，我发现写作文也是一件挺有乐趣的事情。

我妈妈在北京写了一本《幸福法则》，这本书里凝聚着妈妈的很多心血，是来之不易的，是妈妈通过长时间的认真写作和辛苦修改换来的。

我要像我的妈妈那样，争取做好每一件事情。

## 颜安：《多彩的花季》后记

这是我有生以来的第一本作文集，我要感谢我的父母对我十二年来的培育之恩，我所取得的一切成绩都是我父母给予的，如果没有他们，就没有今天茁壮成长的我。

如今，写作文对我来说已经不再是令人苦恼的难题了，我已经能在短时间内写一篇不算太差的作文了。作文水平的提高，都要感谢我的妈妈，是她让我能够有这样的作文水平。

写一篇好的作文，是一件可以通过自己的坚持与努力就能够获得的事情。在这两三年坚持不懈练习写作文的过程中，使我深深懂得：有付出才能有收获。

再次感谢我的父母，是他们教会了我坚持就是胜利。我从内心深深地感谢他们。

我还会做得更好，争取写出更多的好作文。

# 写日记的作用

写日记能带来什么好处？有人说：可以练字，可以反省自己，提醒自己，可以提高写作能力，还有人说能达到倾述和纪念的作用。

任何形式的日志都是你理顺个人和工作问题、回顾当前生活和设定未来目标的极好方式。

心理学家在实验中发现：写日记对创造快乐有极大的帮助。

## 写日记的作用研究之一

本项研究者是德州大学的詹姆斯·潘尼贝克教授。

詹姆斯·潘尼贝克教授挑选了一些参与者，让他们做以下的事情：连续四天，每天用15分钟的时间写下最难忘的经历。参与者被告知，没人会看日记，就算被人看到，日记也是匿名的，绝对保密。

詹姆斯·潘尼贝克教授对参与者的指示："连续写一写你一生中最难过或最痛苦的经历，不必在意语法、拼写或句子结构。在日记中，希望能谈谈你对这些经历的最深刻的想法和感受。但不管你选什么，都必须是对你有着深刻影响的，且最好是一些你从来没跟人讲过的事。其实很难，因为你要敞开心扉去触碰内心深处的感情和思想，写下经历和感想，以及现在对它的看法。最后，你可以每次都写不同的痛苦经历，也可以整个研究过程都写同一个经历，每次你都可以选择任何想写的痛苦经历。"这其中包含了情感、行为、认知三个要素。

结果，詹姆斯·潘尼贝克教授发现，实验组的成员写下他们最痛苦、最难过的经历后，焦虑水平竟呈上升趋势。

詹姆斯·潘尼贝克教授正考虑终止研究时，从第五天开始，尤其是第六天、第七天之后，奇怪的事发生了，参与试验成员的焦虑水平下降了，不仅达到原来的水平，还持续下降。最重要的是，在原来的水平之下依旧保持稳定。

所以，写日记的研究结论是：写日记对人生的改变有着极其重要的作用。不仅是心理的，还有身体方面的改变。

詹姆斯·潘尼贝克在著作《敞开你的心房》中指出，失业的人如果保持写日记的习惯，8个月后成功找到工作的机会是没有写日记的人的两倍。

## 写日记的作用研究之二

本项研究者是劳拉金。劳拉金用相反的方法来做这样的研究，即看人们写下最快乐的经历时会有怎样的结果。实验方法是这样的：三次，15分钟，连续三天，共45分钟。

劳拉金对参与者的指示："想出生命中最精彩的经历，或多次美好的经历，或快乐、兴奋的时刻，或堕入爱河极度欢喜的时刻，或听音乐时的欢乐时刻，或突然发现一本好书或好画时的灵感乍现，选择其中一个这样的时刻，想像自己正经历这时刻，沉浸在所有与这一经历有关的感受和情感中，尽量详细地写下这次经历，尽量写下当时的感受和想法及当时产生的情感，尽量尝试重新经历那些情感过程。"

结果完全一样。那些写下巅峰体验的人，写了最快乐经历的人，去看医生的次数少了。写日记的做法增强了他们的身体免疫系统，让他们体验更多的快乐。不论身体还是心理上都得到同样的效果。

写日记的研究结论是："描述和重新体验"快乐美好的经历，心理和身体免疫系统都在增强。

写日记既能留下快乐的记忆，又可以创造快乐，别放过这个机会。在床头放一支笔和一个本，记录你的经历和心路历程，有助于你了解自己的困扰和快乐、目标和成长，便于缓解你的焦虑，并让你满怀希望地迎接每一天的太阳。

第三章

美妙事业：善的能力

# 每个孩子都是一朵花

"孩子是祖国的花朵，孩子是父母的期望"——这是一句耳熟能详的话。谁是培养孩子的园丁？不容置疑，父母就是园丁。父母不仅给予孩子生命，还影响着孩子的未来。

园丁上岗前需要培训吗？很多人在工作之始都经历过上岗培训，但是大多数人在结婚生子前，基本上没有参与过育儿培训。可以说，大多数家长在育儿教子方面都是先天不足、匆忙上阵。没有几个家长是系统学习过教育学和心理学的，也不曾拥有育儿经验。在身为父母之后，家长们教育孩子的理念和管教办法，基本上在自觉或不自觉中，延用或复制着自己父母的方法，而他们的父母又主要是师承上一辈的父母。

如何做一个合格的园丁，让花园中的花朵儿健康绽放、美丽盛开呢？

有这样一位母亲，她的儿子从小就憨头憨脑，甚至被人们认为发育不健全，可是在园丁妈妈的培养下，儿子长大后却成为英国的喜剧明星，孩子的名字叫罗温·艾金森。

"罗温·艾金森是谁？"许多人也许从未听闻。可提到"憨豆先生"，恐怕地球人都知道。罗温·艾金森是憨豆先生的扮演者。如今，全球不同肤色的人们都喜欢看憨豆的表演，罗温·艾金森已经成为红遍全球、妇孺皆知的大明星。

据说艾金森在小时候是笨拙的孩子。学生时代，他因为长得憨头憨脑，经常被同学嘲笑，甚至老师也认为他是笨学生，讨厌给他上课；进入社会后，因为憨态十足，罗温·艾金森总是找不到工作。甚至，父亲认为自己的儿子脑子有问题，从来不和他说话。

幸运的是，罗温·艾金森有一位了不起的花匠母亲。他的母亲一直认为自己的儿子是优秀的。面对一个发育迟缓的孩子，母亲没有鄙视和贬损他，而是欣赏和鼓励自己的孩子，帮助孩子设定"积极的潜意识"，引导孩子坚信自己、守候希望。

母亲经常告诉他："每个人都是一朵花，每朵花都有开放的机会，那些没有开放的花儿，只是季节未到。在季节未到的时候，你需要努力地吸收养分和阳光，储蓄足够的能量，耐心地等待属于自己的季节的来临，时候到了，美丽的人生之花自然会绽放的。"

"坚信自己这朵花儿迟早会开放，决不可轻易就放弃希望"。艾金森时刻牢记着母亲的教诲。他坚持不懈地努力，终于被英国"非九点新闻"剧组的导演看中并录取。随后，他饰演的憨豆先生深受观众喜爱，票房在欧洲突破一亿美元。艾金森终于等到了自己"人生之花自然会绽放"的季节，成为一朵耀眼的成功之花。

笨拙的童年、不开窍的青年时代。按命理学来说，艾金森是一个天资并不聪颖的孩子，是一个连自己的父亲都不愿意搭理的孩子，能成才吗？

艾金森是幸运的，因为他母亲是称职的园丁。母亲的鼓励和肯定，在他的内心世界种植"积极的潜意识"。这些潜意识的无形中告诉他："信心是命运的主宰。"艾金森的成功之路说明：孩子这朵花是否能够绽放，关键在于父母的"培育"方式。父母的家庭教育方式、营造的性格道德决定孩子的未来。

在"望子成龙"的道路上，家长与其指责和苛求孩子，不如在孩子面对失败和气馁的时候，在孩子的心灵花园里，种植上"积极的潜意识"种子。

什么是"积极的潜意识"？如果把"潜意识"与"种瓜得瓜、种豆得豆"连接在一起，就不难理解了。园丁都知道："栽什么树苗结什么果，撒什么种子开什么花"。作为家长，怎样才能在孩子的心灵花园中，种植"积极的潜意识"呢？

积极心理学专家向身为园丁的家长们提供三个"积极潜意识"种子：

### 1. 种植正向的话语种子

话语是有生命力的，如同一粒种子，能够生根、发芽、结果。当我们的大脑出现一个念头，这粒念头的种子就种在我们的心里；当我们把这个念头说出来，这粒种子就种在听者的心里。如果这是一粒正面思考、乐观、赞美的种子，就可能发出青翠的枝叶，甜美的果实；如果是负面的、消极、悲观的种子，就可能长出带刺的荆棘、有毒的果子。所以，当我们面对孩子口出抱怨、贬损、批评和责骂的时候，种植和收获的就是带刺的有毒的果实。

### 2. 树立积极的信念种子

积极信念的种子，不是无根的藤蔓，也不是惧怕阳光的喇叭花。信念使生命充满灵性，让生命更充盈、更强大。积极的信念如同牵扯风筝的丝线，如同支撑肉体不倒的脊椎。无论生命旅途经历怎样的风雨和坎坷，信念的种子会在成长的道路中，伴随孩子们战胜困苦、感受幸福、过上美好生活。

### 3. 传递正面的暗示种子

心理暗示分为积极心理暗示和消极心理暗示。据调查统计显示，女性比男性更易被暗示，儿童比成人更易被暗示，抑郁、内向的人比自信、开朗的人更易受暗示。当一个人内心虚弱和年幼的时候，最容易接受别人的暗示。

"你真棒""你是一个好孩子""你能做到""你真能干、你真行"……

"你真笨""你这个傻蛋""你总是出错""你什么也做不好，你不行"……

不同的心理暗示传递不同的种子。假如总是有人这样评价和暗示你，你就容易接受他的暗示；当你相信了这个暗示，心里面真正接受了它，它就会成为你信念的一部分，你会觉的自己就是这样的人。所以，正面的心理暗示对孩子的成长非常的重要。


# 透析考前紧张情绪


一年一度的中高考即将来临。考前，考生紧张读书很辛苦，家长殷切期待也很辛苦。每个考生都承载着重重的希望和

梦想，迎接着考试的来临。没有考试压力的考生，相对较少。

据不完全统计，有不少人在成年之后，经常在梦里会出现这样的情境：在考场中面对不会做的考题发呆；在赶往考场的路上，眼看就要迟到；发下来的考卷竟然是自己没有复习的那门科目……看来每个从学校出来的人，面对考试难免心有余悸。

如何才能"轻松备战中高考"？面对考试，怎样才能做到放松情绪、平和心态，并在考场中正常发挥，获得好成绩呢？积极心理学专家带领考生和家长们，走进"考前情绪紧张"，认识情绪紧张是怎样产生的。做到知己知彼、百战百胜。

常有考生说："考前不要紧张，说则容易，做则不易，面对考试我就是很容易紧张。"其实，面对考试不发怵的人，又有多少呢？即使是考前准备的胸有成竹，进入考场，面对试卷时，心脏还是会扑通扑通地跳个不停。

人的紧张的情绪源自哪里？我们走进"紧张"的背后，了解"紧张情绪"。

## 1. 紧张是一种情绪

"紧张"是人的一种正常情绪表现，是七情六欲中的一种。七情包括：喜、怒、忧、思、悲、恐、惊。在这七种情绪中，除了"喜"是正面情绪之外，其他的六种情绪都是负面的。

正常人在生活中会自然而然地流露自己的情绪：高兴时大笑，伤心时流泪，惊恐时害怕，忧虑时抑郁，厌恶时反感。只有两种人没有正常情绪：一是死人、二是精神病患者。

紧张是一个人的内心感受，它是经由身体表现出来的。当大脑在受到外界刺激时，生理和心理都会产生紧张的反射效应。

比如说，当我们在路上行走时，突然有一只老鼠从脚前跑过，我们会惊叫得跳起来；当看见一些令人害怕或惊恐的场面时，我们会紧张得出冷汗；当出现一些我们不喜欢的面孔或反感的镜头时，我们会表现出厌恶的情绪。这些经由我们身体表现出来的真实情感，就是我们的情绪。

人在情绪紧张或恐惧时，心理反应还会直接影响到身体反应。

词语中的"毛骨悚然""心惊肉跳""浑身颤抖"等，这些都是"紧张"引起的情绪反应。


当我们受到惊吓、精神高度紧张的瞬间，植物神经中的交感神经会突然兴奋，通过刺激神经内分泌，出现全身发抖的现象；惊吓还会使交感神经突然兴奋，汗毛竖立，使皮肤出现鸡皮疙瘩状。在情绪稳定下来之后，毛孔又会自动放松。这些体会相信大家都经历过。

考前，有些考生面对考试心理压力大、内心产生恐惧和紧张，这是一种很正常的情绪反应。是一种"正常的应急性心理反应"，不能视为心理疾病。

### 2. 什么是考前综合症?

"考前综合症"是指在考试之前，考生由于过度紧张而引起的一种负面情绪。通常表现为焦虑、疲惫、烦躁、失眠、厌食、易怒等；这些负面情绪直接造成考生身体内植物神经系统的紊乱，从而引起考生精神不集中、记忆力下降、成绩不稳定、考场发挥不正常，最后影响了考生的正常水平。

多数考生会有"考前综合征"的部分症状，但这并不影响考生参加考试。如果考生在考前，屡次出现以上病症，必须及时纠正和治疗，否则会导致恶性循环，严重者会影响正常生活。

面对考试，有点紧张不足为怪。因为希望自己考出好成绩，是每个考生的心愿。有期望值，内心就会期待梦想成真。

人是多虑的动物。在独处的时候，大脑会一直不断地涌现念头，反复琢磨近期最关注、最在意的事情。考前的大脑除了记忆诸多的课程内容之外，有一大片的念头是在忧虑考试是否会考好。

如果过早预测考试结果、提前担心考试失利，无形中也会给考生带来巨大的压力。

### 3. 考前紧张情绪的源头

"考前紧张情绪"源自两个方面

一是内心的想法过多，引起考生精神紧张

考试前期，多数考生会习惯性地联想考试结果。心里想的太多、顾虑太多、担心的太多，压力随即产生，直接受害的就是身体，最典型的身体反应就是考前失眠、没有食欲，生理反应的失调又直接影响到身体的正常休息和大脑的记忆。

考生忧心忡忡的心理表现如下：过度担忧考试时发挥不好；没进考场就担心考题不会做；即使复习得很全面，考前依然担心自己没有复习到位；曾经考试失利的阴影在内心挥之不去；过于看中考试结果，太在意考试对自己未来的影响。

二是外围环境或考场气氛，激发考生的忧患意识

爸爸妈妈已经很久没有大声说话或看过电视了；全家人的重心都在孩子的考试上："一朝金榜高招，终身幸福相伴"；进入考场，考生个个正经自若、面无表情；监考老师更是一脸

严肃，外围环境在无形中给考生增加了许多紧张气氛。

大多数学生惧怕考试、谈到考试心里就紧张，对考试又怕又恨考试成绩成为学生读书的重点，考试结果成为学生快乐的基点；一次又一次的考试，影响学生们的花季快乐和幸福心理。

考前压力常常与过度关注有关，因为太在意，就会很纠结；反复权衡得失后，必然紧张。

考前放松情绪，把精力和时间放在复习功课上。不要被昨天偶然的失败所困扰，也不要为明天过度地忧虑和担忧，专注当下的复习是最重要的。

考生要学会为自己制造积极、向上的情绪。乐观的人，会更快乐、更容易成功。幸运总是临到内心充满喜悦的人。


# 考前减压四法宝


专家和老师为考生们贡献过"考前解压四大法宝"：做运动、听音乐、吃好饭、睡好觉。可是，大多数考生复习紧张，没时间运动、锻炼；忽视了音乐减压；吃饭不按时、吃不香；睡觉睡得少、睡不着。有没有更简单、更实用的方法，一学就会、一看就懂、一用就灵呢。

积极心理学专家也准备了四招，协助考生助战中高考，引导考生学会自我缓解紧张情绪、克服焦虑，轻松应战。

### 1. 冥想减压法

身体每天需要四件事，多数人只做了其中三件：吃饭、睡觉和读书，忽视了很重要的一件事：锻炼。

读书是为了身体能活着，吃饭、睡觉是为了身体活下去，锻炼是为了让身体活的更好。锻炼能提高身体免疫力、放松紧张情绪、增强大脑记忆力、提高学习效率、帮助深度睡眠……总之，锻炼给身体带来的好处实在太多。

多数考生认为考前时间太紧，没空暇时间去锻炼，没有给身体放松的机会，一味的让身体沉浸在读书、记忆、做考题、背诵、看试卷之中，恨不得除了吃饭睡觉就是读书复习。如此三日五日尚可，三周五周之后，便会记忆力减退、视力下降，睡不好、吃不香，过去清晰的记忆模糊了，有些简单的知识混淆，大脑不听使唤了，模拟考试的成绩一次不如一次，过去很有把握的课程现在退步了，许多考生越发地焦虑，紧张情绪更加重了，怎么办？

"很多思想上的问题都可以通过单独的、静静的坐在一间房内，每天只花十分钟的时间静静地冥想，便能让你减少焦躁，释放压力。"

面对考生没有充足的时间运动和锻炼的问题，只要每天给自己四次冥想的时间，每次5分钟。同样可以达到缓解大脑疲劳、提高记忆力的功效。

冥想的地点可以选在教室里、户外、车上、家里、床上，以坐姿为主。

"五分钟的冥想练习"即找个放松的姿势坐着或躺在床上，闭眼，放松四肢，保持深呼吸，让大脑只专注呼吸，想象着自己左边的鼻孔在吸气，右边的鼻孔在呼气，把注意力全部集中在呼吸之间，不让脑子想其它事情，只关注当下的呼吸。继续，深呼吸，放松，五分钟之后，张开眼睛。

### 2.哼歌减压法

音乐是人类特有的精神食粮，是人类通用的语言。大文豪雨果说过："开启人类智慧的宝库有三把钥匙：一把是数学，一把是字母，一把是音符。"大圣人孔子说过："兴于诗，立于礼，成于乐。"

音乐最初的起源是人们在庆祝丰收时候，一边扭动身体、手舞足蹈，一边唱着歌儿表达快乐。优美动听的旋律能冲散烦恼，缓解压力和紧张情绪，使人们被压抑的欲望释放出来，达到心理愉悦的效果。

考生可以选择没有歌词的轻音乐，尽量少听重金属音乐。有歌词的音乐，文字信息会进入大脑，导致大脑得不到充分休息；切忌边听音乐边思考问题。给自己一个单独的时间，让大脑陶醉在音乐中，完全的放松。就权当给大脑一次音乐大餐，这样才容易彻底消除疲劳。

如果没时间听音乐、没有音乐怎么办？哼歌，每个人都会哼歌，只有旋律而无字的歌。在空暇时，自己摇头晃脑的哼着歌，给大脑做一个轻松的有氧输入。

### 3. 睡眠减压法

焦虑紧张的情绪容易引起失眠，而睡眠不足更容易引起焦虑紧张的情绪。

午觉对身体恢复是很重要的。中午要择时小睡一会。如果没有地方，可以在座位上打盹，或是冥想一会儿。只要感到体乏头晕的时候，就学会小睡，5-10分钟的小睡对恢复体力很有效果。

学会在课间打个盹。有助于学生体能的恢复，方法可以自己选择。

考前的晚上睡不着，怎么办？不要强迫自己早睡，平时几点睡，考前也在几点睡；强迫早睡，反而更容易引起失眠以及多虑多思。

对于考前晚上失眠的，有位考生的回答很有意思：看平日最不喜欢看的课本。过去一看就犯困，失眠时一看也会犯困，结果就睡着了，这只是个例。关键是要做到放松情绪，就容易睡着。

考前保证睡眠很重要，养精蓄锐才有精力迎接考试。切忌考前挑灯夜战，以牺牲睡眠时间进行题海战术，这是一种自我破坏的不理性行为。

## 4. 食物减压法

吃饭能让身体活下去，这个道理小孩也知道。考前是身体大消耗时期。不断产生的压力会使身体产生心跳加速、血压升高、肌肉收缩等体能反应，这时身体会消耗大量的营养素、维生素和额外的能量，吃饭是身体唯一能获得充足养分的渠道。

几周前，我辅导的一位考生，在连续一天的课外补习班里晕倒了，送到医院急救，输液后才苏醒。晕倒的原因是没吃午饭，理由是没时间，结果血糖供应不足，出现低血糖症状，导致晕厥。

读书费脑，读书用眼，读书消耗体能多，读书时要让头脑灵活、好用，吃饭很重要。

小时候的歌儿说得好："人是铁、饭是钢，一顿不吃饿得慌；三天不吃眼发绿，一周不吃见阎王。"维系生命的关键是按时吃饭、按时睡觉、定时休息与锻炼。

中高考期间最好能保证一日四餐。平日在书包或口袋里，放些零食、巧克力或糖果。有低血糖症状的考生，只要有点头晕的感觉，就赶紧吃一粒糖果。只有做到按时吃饭、填饱肚子，大脑才能获得充足的血液供给，才能正常记忆、正常发挥。

考试是每个学生一生中不得不经历的事情。不要把成绩看得太重，不要事先预想考试结果，不要联想不好的结局，不要在未迎战之前就把自己累倒。

放松情绪、放下肩上的包袱、放弃过多的期待、放下对明天的焦虑，该吃饭时就吃饭、该睡觉时就睡觉、该锻炼时就锻炼，直到考试的时间，一切顺其自然。

预祝每一位中高考生轻松上阵、金榜题名！

# 从今天起做个幸福的人

幸福是一个不老的话题，从古至今，人类最关心的主题就是"幸福"。古希腊伟大的哲学家亚里士多德曾说："幸福是人生的目的和意义，是人类存在的最终目标和终点。"

孔子在《论语》中开篇就提到："学而时习之，不亦说乎？有朋自远方来，不亦乐乎？人不知而不愠，不亦君子乎？"在孔子看来，学习、友情、君子之道是一个人的快乐之源。

习近平主席在第十二届全国人民代表大会第一次会议上的讲话中提出："实现中华民族伟大复兴的中国梦，就是要实现国家富强、民族振兴、人民幸福。"

幸福在哪里？有人认为：幸福是一个抽象的想法，幸福与憧憬为邻、以满足为准；也有人认为：幸福与金钱、房子、车子和孩子有关。无论人们如何理解和领会幸福，幸福始终以迷人的光芒、迷茫的期待，萦绕在人们身旁。

1984年央视春晚，著名歌唱家殷秀梅一袭白色连衣裙，款款上台，为全国人民献上一曲《幸福在哪里》："幸福在哪里，朋友啊告诉你，她不在柳荫下，也不在温室里，她在辛勤的工作中，她在艰苦的劳动里，幸福就在你晶莹的汗水里⋯"

幸福是什么？《现代汉语词典》（第7版）对"幸福"一词的解释是："使人心情舒畅的境遇和生活"。

七十年代粮食困难，人们见面时会互问：你吃了吗？"九十年代改革开放，人们见面时会问："你在哪里发财？"

2012年国庆节，央视记者满大街的问路人："你幸福吗？"

当人们被问及"你幸福吗？"时，有人会捂嘴不语，哈哈大笑；还有人回答：我姓曾；当然更多的人会把"我不姓'福'"当成笑话挂在嘴边。当诺贝尔文学获得者莫言老师被问及是否幸福？他回答：不知道自己"是否幸福"。

"幸福"随即也成为中国人关注的热词。为什么在物资财富更加丰富、人们寿命延长的当下，人们开始更多的关注幸福这个话题？

当今有个不争的事实：人类的财富增加了，健康状态改善了，但是，人们的快乐与幸福并没有增加，心理健康水平反而在下降。无论是欧美，还是中国，患有心理疾病的人越来越多。每年由于抑郁而导致的自杀人数远远超过战争、瘟疫、饥荒带来的死亡人数。

21世纪，人类生活的最大挑战之一，是如何提高人民的主观幸福感，以及怎样增强人民长久和持续的幸福力。

2012年6月28日，第66届联大会议一致通过决议，决定今后将每年的3月20日定为"国际幸福日"。追求幸福是人的一项基本目标，幸福和福祉是全世界人类生活中的普遍目标和期望，具有现实意义，在公共政策中对此予以承认具有重要意义。

如今，幸福已经成为全球关注的重点话题；中国政府已经开始把幸福作为执政目标之一。

特别是国际心理学界，在本世纪初掀起了第四次心理学浪潮——积极心理学运动。积极心理学被誉为幸福的科学，它的宗旨是帮助更多的人生活得更美好、更幸福。它关注的是人类的积极心态与幸福体验，通过研究人类的积极情绪、积极人格、积极的社会环境，来找寻提高幸福的方法、增加幸福的能力，以此帮助更多的人获得长久的和持续的幸福，而非短暂的情绪体验。

## 幸福在哪里？幸福真的很迷茫、很遥远吗

看看周遭，大家都太忙，忙着工作、挣钱、养家、买

房、买车；不停地奔波、拼命地索求，人们忽视了内在爱的力量，眼光外求，去攀比幸福、去模仿他人的幸福生活。

其实，幸福一直静候在我们身旁，幸福的指挥权就在我们的手里、脸上和口中。

从今天起，做一个幸福人。让我们与幸福零距离接触，真心地体验生活中细微的幸福。积极心理学传授了三种提升幸福的能力：

### 1. 从今天起，每天12次的拥抱

心理学家在研究中发现：拥抱是一种传达坦诚情感的肢体动作，是人类本能的需要，与锻炼、吃饭、睡觉一样重要。

一个婴儿每天需要4个拥抱才能存活，8个拥抱才能维持，12个拥抱才能成长。请每天与孩子、爱人或亲朋好友们有12次的拥抱。拥抱不仅能放松情绪、增强快乐，还有助于增强人体免疫力。

### 2. 从今天起，每天1分钟的微笑瑜伽

生命在于运动，没有时间锻炼的人，可以学习"微笑瑜伽"。"微笑瑜伽"源于印度，通过瑜伽呼吸的方式与微笑结合。每天没时间散步或锻炼的人，可以坚持练习这个声音："呵呵，哈哈哈哈"。一分钟的"微笑瑜伽"相当于10分钟的有氧运动。

### 3. 从今天起，每天对亲朋们说："我爱你"

赞美的、欣赏的语言就像一粒种子，美好的语言能开出灿烂的鲜花、结出甜美的果实；贬损和负面的语言结出的都是带刺的荆棘。反思一下，我们有多久没有对自己的父母、爱人和孩子们说一句："我爱你"了？

幸福很简单，就在身旁。不攀比、不计较、不抱怨。放下过多的欲望和期待，静静的享受当下的美好，每天记得问自己：今天我拥抱了吗？今天我真正微笑了吗？今天我有没有对亲人们说过：我爱你？

从今天起，做一个幸福人。心中有爱，处处花开。

## 快乐情绪的重要性

科学家们已经证明，在人类进化早期，坏情绪的产生优先于好情绪。因为坏情绪对人类的生存大有用途。恐惧，让我们的祖先远离当下的危险；焦虑，让我们的前辈未雨绸缪、防微杜渐。各种坏情绪的出现增加了人类的生存几率，这种"生于忧患"的意识让人类得以繁衍。

心理学家研究证实，好情绪远比减肥或者戒烟容易得多。每个人只需要通过正确的努力，就可以学会增加正面情绪。

遗憾的是，在过去的50年里，心理学家们更多地将注意力集中在因负面情绪而引起的心理健康问题，而非出现负面情绪的根本原因。在心理研究和治疗的过程中，甚至出现过相当棘手的问题：心理医生们认为已经从各方面根治好的抑郁症患者，他们却依旧未能感受到生活的乐趣。原因很简单，这些人感受不到生活的乐趣，他不懂快乐。

## 为什么有些人就感觉不到生活的乐趣呢

为了研究什么样的人更容易感受到生活的乐趣，很多国家的研究人员开始将注意力集中到那些真正懂得享受生活的人们身上。研究人员经过调研后发现，人们在面临同一遭遇时的表现是大不一样的。一些人即使遭受挫折也不灰心，但是有些人却会因为一些小事而一蹶不振。

一个人的性格是不是由大脑中最为活跃的那一部分所决定的？在针对这一问题的研究中，科学家们发现：要想激活和测定积极的情感，远比激活和测定消极的情感要复杂的多。

**怎样才能把一个先天不快乐的人培养成一个乐观主义者呢**

针对这样的问题，心理学家们进行了试验。

威斯康星大学的心理学家对大脑愉悦区极不活跃的"倒霉蛋"们进行试验。研究者们在一个月之内要对他们进行各种能激发幸福感、增强积极情绪的活动。

1. 每天与周围的人交换一些愉快的信息；

2. 每天做20分钟的体操；

3. 每天对着镜子冲自己笑2分钟，锻炼快活肌肉；

4. 每天做10分钟的自我调整，身心完全松弛。

5. 第三个星期，每天用30分钟来干自己爱干的事。

6. 第四个星期，每天晚上都去跳舞。

一个月之后，再对这些"倒霉实验者"的脑部进行一次扫描，发现他们大脑的活动有了很大变化，他们"快活机能"的曲线在飚升。

这个实验可以看出，即使是那些已经患有抑郁症的"命中注定不快活的人"，只要不停地去锻炼大脑，也可以变成快活的人。心理学家的试验已证实：乐观可以通过教育而形成，悲观的人通过心理训练可以转化成为乐观的人。

改变你的情绪、改变你认识世界和认识自己的方式、改变你的行为，而不是提心吊胆地带着恐惧去躲避人生的波折和困难，或者是无助地忍受痛苦。

**快乐情绪可以后天培养，基因对我们的影响到底有多大**

美国斯坦福大学的心理学教授索尼亚在实证调查中得到这样的结论：情绪的40％是由遗传基因所决定，10％由环境所决定，50％是由后天教育和培养、个人努力等因素决定的。也就是说，情绪的改变有60％的空间。基因是会带来许多的不同，但是基因并不能决定我们每个人所有的不同。

心理学认为，一个人的幸福基线水平是在3岁以前确定的。因为出生环境、遗传等因素影响，每个人均拥有特有的幸福基线水平。也有人出生后就比一般人幸福。

1996年，美国明尼苏达大学的奥克·特立根和已故的戴维·莱肯将一起长大或分开养育的同卵和异卵双胞胎作为调查对象，研究他们的幸福相似性。这项比较使研究人员能够确定，幸福的差异与我们基因差异程度相关。他们发现，个体间幸福的差异约80％都来自遗传。

我们每个人都拥有一条与生俱来的幸福基线，大体上由我们的基因决定。把这个概念和人类的天性结合起来，可以解释许多现象。例如，习惯现状天性可以判断出，无论生命中发生过什么，我们最终都会逐渐回到自己的幸福基线。

事业上的成功会带给我们短暂的得意，工作中的失败或许会带给我们一段时期的低落，但或早或迟，或得或失，我们整体的幸福水平会趋向于靠近一个固定的基线。精神病理专家称这个过程为"适应"。

如果没有经过后天的学习或有意识的努力改变，每个人的幸福感都会大致保持在原有的水平，但是幸福基线水平会因为人们的学习和有意识的努力得以提升。

积极心理学的基本任务就是帮助提升人们的幸福基线水平，提高个人、社区和社会的总体幸福感水平。可以帮助人们在跌入低谷的时候，建立较强的心理韧性，让人更快和更容易地回到幸福基线水平。

比如说，如果以1—10计分，一个人天生的幸福基准线是5，积极心理学可以帮助他逐步提升到7。在以后的生活中，再遭遇困难和挫折的时候，他的幸福感在当时可能会降到了2，但是这个人会花比原来短的时间，而且更容易回到7左右的基线水平上。

## 如何提升每个人的幸福基线水平

"幸福可以通过思想训练而获得"。学习积极心理学是提升幸福基线水平的有效方式。

改变你的情绪、改变你认识世界和认识你自己的方式、改变你的行为，而不是提心吊胆地带着恐惧去躲避人生的波折和困难，或者是无助地忍受痛苦。

糟糕的日子总会过去，事情并没有想象得那么坏，世事就是这个道理。


# 困境的另一种解释

"乐观"是一种积极的性格特征与生活态度。乐观的人有这样的特点：无论在什么情况下，即使事情再差也会保持良好的心态，并且坚信坏事情总会过去，阳光总会再来。

## 乐观是一种能力

从心理学角度，乐观有两种不同的形式：一种是气质性乐观，与遗传基因有关；另一种是乐观的解释风格，通过后天可以学习和掌握。

气质性乐观，就是我们常说的"乐天派"，即痛苦烦恼遗忘快。"乐天派"常常会被誉为"没心没肺"，这类气质性乐观的人主要与遗传基因有关系。

美国第40任总统隆纳德·里根生前最喜欢这样一个故

事：一位父亲有一对五六岁大的双胞胎儿子，两个孩子的性格南辕北辙，一个过于乐观，一个过于悲观。父亲将这两个孩子带去看心理治疗师，希望能医好他们的毛病。心理治疗师将过于悲观的小孩带到一个装满了各式各样玩具的房间，让他尽情地玩，希望能使他快乐一点。不久，父亲和心理治疗师打开了房间的门，却看到悲观的小孩虽然满手玩具，但仍然哭红了眼睛。心理治疗师问他为什么难过？小男孩回答："我怕有人偷走这些玩具。"

心理治疗师接着把过于乐观的小孩送进一个堆有马粪的房间，希望能帮他调整个性。不久，心理治疗师和父亲打开房门，以为会看到一个愁容满面的小孩，却看到他坐在马粪堆上，拼命往下挖掘，神情非常兴奋。心理治疗师问他为什么如此高兴？小男孩说："有马粪就表示一定有小马，我要找到这匹小马。"

"这里一定有匹小马"是一个典型的气质性乐观的案例，寓意即使人生如粪土，也不要失去信心和乐观的个性。

## 漂亮的生命越挫越勇

为什么在生活中，同样遇见绝望或痛苦，有些人就能很快地恢复情绪，而有些人永远是垂头丧气、久久不能脱离困苦的心境呢？

心理学家马丁·塞里格曼用"乐观解释风格"证实了其中的缘由。马丁·塞里格曼认为，乐观是一种解释风格，而不是一种普遍的人格特质。每个人在面临失败和挫折时，要么将问题归咎于外部力量，要么归咎于自己。具备"乐观解释风格"的人，会把失败解释成暂时性的。"我这次没做好，但不是每次都做不好""我只是这件事没做好而已，但在其他方面还是挺优秀的"。乐观解释风格的人认为，失败和挫折只限于此时此地。"悲观型解释风格"的人呢？在遇到不愉快的事情时，会认为"这都是我的错""我就是一个很糟糕的人""我很笨，做什么都不行"。

具备乐观解释风格的人并不是盲目乐观，他们更乐意关注好的方面，愿意花精力经营自己的优点，不会轻易把过错看作是自己能力的欠缺。他们会努力去改变现状，争取做得更好，不会在坏的情绪和事情中深陷太久。而悲观解释风格的人相反，他们把失败和挫折归咎于长期的或永久的因素，或归咎于自己，认为这种失败和挫折会影响到任何事情，于是就给自己贴了一个消极的标签。所以悲观解释风格的人更容易抑郁，常常深陷消极情绪中难以自拔。

## 幸福=乐趣+参与+意义

这三个要素中，乐趣表现为兴高采烈的外在情绪，比如笑脸；参与指对家庭、工作、爱情与业余爱好等方面的投入程度；意义则意味着一个人对行为或事件深层价值的理解、自我潜能的发挥。

乐观的情绪应该是这样的：对过去感到满意，对现在感到快乐，对未来充满希望。如何帮助那些负面情绪比较重、天生具备悲观解释风格、被认定为"命中注定不快活"的人变得乐观和快乐呢？

美国著名心理学家阿伦·特姆金·贝克是认知疗法的创立者。他在长期研究抑郁的过程中发现，多数人的抑郁都是由当事人不正当的信念引起的。只有改变了这种信念，与自己不合理的思维方式进行辩驳，一个人的抑郁状态得到才能得到极大的改善。于是贝克就和临床心理学专家艾利斯一起创造了认知疗法模式，就是情绪ABC理论。ABC理论是一种适用于抑郁患者的治疗模式。而健康人也存在情绪困惑和心理疑难问题，也希望生活得更好、更幸福，于是积极心理学便诞生了。

积极心理学的发起人马丁·塞里格曼与霍隆、弗里曼两

位认知心理治疗大师将ABC理论转化成为一种更适合于普通
人的心理训练项目——ABCDE理论，帮助人们在面对不愉快
的事情时，通过乐观解释风格的方式，将自己习惯性的负面
思考转为正向思考。

## ABCDE理论的具体使用方法

A——当人们面对不愉快的事情时，会习惯性地感到无
助，觉得自己不行、做不到、很笨，这时负面情绪开始产生
和蔓延。

B——人们认为自己无法改变现状，于是形成了负面思
考的信念，随之会感到沮丧、无奈。面对现状觉得自己无能
为力，心情糟糕至极，负面情绪继续升级。

C——人们会自动认为，无论自己遇见什么事情，最终
都会有不好的结果，于是开始全盘否定自己，认为自己一无
是处，情绪变得更加糟糕，完全被负面情绪包围了。

D——要想改变现状，最好的工具是反驳。全面思考问
题，对自己原有的看法、解释进行多角度的反驳，让自己建
立积极的信念和正面思考的习惯，使积极的信念成为主导力
量，让积极情绪替代消极情绪。

E——当自己摆脱了悲观消极的信念时，再通过激励给自
己加油鼓励，强化自己的正面思考，将负面信念转向正向思

考，让自己沉浸在积极情绪之中。

例如，今天早上有晨会，老板反复强调必须按时到单位。当你急急忙忙赶到车站时，却眼看着公交车开走了，于是你的负面思维开始怪罪自己，内心有个喋喋不休者一直在贬损你：今天运气真差，看看自己多倒霉呀。于是一气之下，你索性决定今天不去上班了，回家装病，请病假。

这时如果内心发出了另一种声音，对你的负面情绪提出反驳，它提醒你不要着急，想想是否有解决问题的办法：今天不能迟到，有什么办法呢？咬咬牙吧，不坐公交了，改坐出租车，再换乘地铁。结果你按时到达单位，并且心情愉快地开始了一天的工作。

生活中的不顺利、不如意常常出现。当事与愿违时，要运用正面思考的方法来安慰自己，让心情先平静下来，不自责、不着急，凡事往好处想，帮助自己找到一种好办法，并鼓励自己一定能做得更好。通过这种练习，当再次遇到挫折时就有能力将负向思考转为正向的激励。

## 最实用的自我心理疗法

ABCDE理论是一种非常实用的自我心理疗法。随时使用，随时见效。

　　大家都知道，想拥有一副好身材，最好的途径是健身。估计有不少女士都想通过瑜伽等健身项目来实现好身材的梦想，男士们一定也想过器械练习吧。假设有这样一个场景，某天，有一位女士兴致勃勃地来到健身房，只见里面有很多正在练习瑜伽的人，这些人都身材匀称，基本功特别棒。看到这里，这位女士低头看看自己那硬梆梆的粗腿，隆起的小肚子，于是大脑中的那个"喋喋不休者"开始说话了："我干嘛来这里？真是太丢人显眼了，她们个个身材都那么好，腿细腰软的，我夹在里面太扎眼了，还是趁别人没看见我之前先回去算了。"于是，这位女士只在门口转了个圈，就跑回家去了。

　　同样的场景，又来了另外一位女士，平时也是没有时间锻炼，身材胖胖的。这位女士看见健身房里的情景后，她的内心也开始发话了："瞧，她们的身材怎么个个都那么好呀！技术那么棒，她们一定是花费了很多时间和精力，这是苦练的结果呀！我应该早点儿来这里练习，如果我能像她们一样坚持，相信不久我也能甩掉这一身的肥肉。"想到这里，她走向健美教练去寻求指导。

　　同样的场景，同一个事件，两个不同的人采取了两种截然不同的解释方法，最终的结果完全不同，一个是沮丧地离开，另外一个兴致勃勃地走进健身房。当然，我们不难想象之后会出现的结果。

叔本华有一句名言："事物本身并不影响人，人们只受对事物看法的影响。"遇见困难时，产生悲观情绪是自然的，这并不能证明我们遭遇了不幸，关键在于如何看待和解释眼前的不幸。乐观解释风格，可以帮助我们寻找最佳的解决方法、创造最佳的生活状态，使我们能够战胜困难和不幸。

人生不如意十有八九，没有人能保证自己一辈子事事顺利。拥有幸福能力的人不会在不幸的泥沼中越陷越深，他们会让自己在苦难中变得更坚强，并有能力补救生活中糟糕的事，重现生活的美好。

## "心流"来了，烦恼就走了

《庄子·养生篇》有一个脍炙人口的故事——庖丁解牛。故事中有一位名叫丁的厨师替梁惠王宰牛，他宰牛的技术十分纯熟，刀子在牛的骨头缝里灵活自如、游刃有余，不会碰到一点障碍，可谓连贯流畅、一气呵成，还很有节奏感。梁惠王在一旁看呆了，一个劲地夸赞他的技术高超，忍不住问他什么原因。庖丁说，宰牛时间一长，对牛的结构自然也就了然于胸了，宰牛时不用眼睛观看，只用心领神会，顺着牛的身体结构用刀，牛体迎刃而解，牛肉就像一摊泥土一样从骨架上滑落到地上。

庖丁将一个血淋淋的屠宰过程演绎成了酣畅淋漓的个人演奏会。在丁厨师的眼里没有骨头、没有肉、没有肠子，也没有血，只有专注娴熟的工作，还有音乐、节奏和快感，这副解牛之美的画面，给人的感觉是：丁师傅在工作中很快乐、很幸福。

## 什么样的人在工作中最幸福

积极心理学创始人之一、美国克莱蒙研究生院的心理学家米哈伊·契克岑特米哈依（Mihaly Csikszentmihalyi）说：那些经常能体验到"心流"的人们，在工作中更容易感到幸福。

"心流"（Flow）是指一种心理状态，英文的本意为流动、涌流的意思，相对于"神迷""沉浸"等词，"心流"也可理解为：福乐、沉浸、流畅、神迷、流动、意识流、行云流水等。

"心流"是一种心灵体验的状态，是指人们完全沉浸在自己所做的事情中时，忘记了身旁的一切，甚至察觉不到时间的推移。在沉浸中，得到了一种难以言喻的快乐，内心感到很轻松、很愉悦。心流体验是一种积极的情绪体验，对提升个人"幸福感"非常重要。

米哈伊·契克岑特米哈依曾经请一些人简单地描述最使他们感到快乐的活动，发现人们一致地谈到：最快乐的活动是当时自己对正在做的事情非常投入，没有任何事情可以打扰他们。

"人类最快乐的状态，是专注地融入某件自己喜欢做的事，全力以赴、尽情发挥，完全忘记其他所有不相关事物的存在，这时内心会感到很自然、很轻松，这种体验就是'心流'"。这种状态类似于"心无旁骛，物我两忘"。

"心流"状态中的人们能享受着沉浸的体验，会感受到快乐，能展现最好的一面，全神贯注的境界会让人们处在最佳状态。运动员则把这称为"在状态"。最容易产生福流状态的活动是运动、音乐演奏和欣赏、写作、绘画、摄影、下棋等。

## 心流体验让人感觉更幸福

许多杰出的心理学家都将心理健康描述为"活在当下"。

"当我们完全投入当前正在做的事情时，就不可能再专注于过去和未来，不可能感觉到自我的存在；而过去、未来和自我意识，往往会破坏我们对生活的满足。"沉浸体验能够激发人们的兴趣，使人们完全投入当前正在做的事情中，从而忘记那些会破坏人们幸福感的东西。

经历过"心流"的人更容易感到幸福。艺术家、科学家常常会沉迷于工作中，忘记周遭的一切。在创作中，会进入奇思妙想、思涛滚滚的境界，越写越畅快，几乎欲罢不能，他们在创作中获得极大的快感和兴奋感。

人类有着多种欲望的满足，除了物质欲望的满足之外，还有一种纯精神性的满足，即一种世界观的满足。科学家、研究者的最大快感和满足便是把某种现象发生的原因揭示和表现出来，这种"世界观的满足"，比饥渴或"饱暖思淫欲"的满足更高一层。在"心流体验"的"沉醉"状态下，人们会运用和施展全部或大部分的技能。因为一个人的技能运用得太少，会对幸福有威胁和干扰，会诱发烦恼和焦虑，而经常能体验到"心流"的人心理健康状态会更好。

## 孔子的心流体验

"心流"一词虽然是现代积极心理学家提出的，但是，心流体验最具有代表性的人物，非中国历史上最有学问的孔子莫属。

《论语·述而》中有一段记述孔子生活状态的文字："饭疏食，饮水，曲肱而枕之，乐亦在其中矣。不义而富且贵，于我如浮云。"

这段话的意思是："我虽然吃着粗糙的食物，喝的是清水，睡觉时头枕在弯曲的胳膊上，许多的快乐在平常的生活中，我得到、也享受了。至于那种违背道义而取得的财富和地位，对于我来说就像浮云流水，转眼即逝，一钱不值。"

对孔子来说，"乐"，不仅是感官上的一种享受，更是内心的充实所带来的一种满足。孔子生活在春秋战国时代，那时，男人的平均寿命只有31岁，而孔子却活到了73岁，在当时可谓是相当高寿。孔子的长寿，与他的乐观心态和专注传道是分不开的。孔子认为学习知识和追求高尚的道德修养，是人生中最快乐的事。

"乐在其中"的人，因为能够一心一意的沉浸在自己喜爱的事情中，所以，即便是饮食居住等生活条件欠佳，他们也不会在意，内心的充实更容易感受到快乐。

孔子"乐在其中"，常常获得心流体验，这让他感受到快乐和幸福。太多人的生活都是以追求享乐为目的，而全然投入和寻找意义的重要性远高于享乐。

当然，有许多人都有过心流体验，只是不太注意罢了。比如，当我们写文章搞创作时，由于太过专心，连家人叫吃饭或家里来电话了，我们有时都听不见；再如当我们做家务、与朋友聊天、玩游戏、在操场上打球时，我们都会感觉到时间过得非常快，不知不觉几个小时就过去了。其实这些都是产生"心流体验"的过程。

当一个人进入忘我的状态时，肯定没有时间、没有心思去想那些让自己不快乐的事情。心理学家将经常能够沉浸在心流体验中的人，叫做"现在人生"，而那些"活在当下"的人是最容易沉浸在心流体验中的人。

## 活在当下的人烦恼少

禅宗认为，人只活在当下的呼吸之间。专注于呼吸之间的人，是快乐的人，他们不会去想昨天的烦恼，也不会去想明天的忧虑，他们是"活在当下"的人。

什么是"活在当下"？"当下"就是指"现在的、眼前的"，就是此时此刻。"活在当下"就是让我们专注此时此刻，专注正在做的事，专注所在的地方，专注与我们一起工作和生活的人。

曾经有人向一位禅师请教："请问师傅，什么是'活在当下'"。

禅师说：吃饭就是吃饭，睡觉就是睡觉，这就叫活在当下。

如今，"活在当下"是一句非常流行的口头禅。许多人都认为"活在当下"这句话很有道理，但是真正能够做到"活在当下"的人并不多。

常言道：一心一意，事半功倍；一心二用，事倍功半。

大家都知道登山、航海、赛车、马术比赛都是危险系数较高的活动。在活动进行时，参与者必须要沉浸其中，精神要处于高度集中的状态，思想要完全从时间、烦恼中解放出来。这类活动体验的正是一种全力以赴活在瞬间的极致状态。而如果有一秒钟没有集中精力，都有可能面临死亡的危险。

20世纪90年代美国人克里斯托弗·瑞夫因为在电影《超人》中扮演超人而一举成名。但没多久，一场大祸却不幸降临在瑞夫身上。

1995年5月的一天，瑞夫在弗吉尼亚一个马术比赛中发生了意外事故。他从马背上向前飞了出去，以至头部着地，第一及第二颈椎全部折断。

事后当瑞夫提及出事的原因时，他说道："从马背上摔下来，其实是我半秒钟的分心，心思没有在当下。"由于瑞夫半秒钟的分心，使他坐在轮椅上，瘫痪了近十年。但是瑞夫又是一位敢于直面当下的人，在瑞夫面对高位瘫痪时，他仍然用微笑迎接着生命的曙光，找回了生存的勇气和希望，可以说瑞夫是现实中真正的"超人"。

活在当下的人，只在意今天，不会为昨天的事而烦恼，也不会为明天的事而忧虑，简单轻松；活在当下的人，会用积极乐观的心态迎接正在发生的事情，以平静淡定的心态面对已经发生和尚未发生的事情；活在当下的人，会专注于此时此刻，一心一意，做好当下的事情。

心理学家对上千名家庭妇女进行了统计调查后发现：从事自己喜爱的事情、运动最容易产生福流；性生活、社交活动、学习、工作等一些没什么压力的做家务和看电视则很少会产生福流；非常轻松的休闲和娱乐则几乎不能产生福流。因此，那些衣来伸手饭来张口，饱食终日无所事事的日子，未必有那么幸福。

幸福就是有事做，专注自己所从事的事业并全然投入其中，体验工作中的"心流"之美，把自己的潜能更大程度地发挥出来。

# 人生不是赛跑

早在1971年，经济学家布里克曼和坎贝尔就提出了"快乐水车原理"。后来又延伸为幸福的追求是"快乐的水车"。人们的幸福体验能随着他们的成就和财富的增加而增加，但是当人们适应了这个新水平，那么，就再也不能给人们带来快乐了。"快乐水车原理"也称享乐适应症。

享乐适应症是指当人们有了某种物质追求的欲望，会认定非要得到它我才会快乐，没有得到它之前我无快乐可言；当终于得手之后，很快就对这种快乐"适应"了，于是又开始了新的物质追求。如同在跑步机上跑步一般，没有尽头。

哈佛大学《幸福课》导师泰勒·本沙哈尔教授用"老鼠赛跑的误区"这一形象的比喻解释了"快乐水车原理"。

什么是老鼠赛跑的误区呢？

我们在宠物店里，经常能看见一种装在笼子里的小白鼠。只见小老鼠在笼子里不停地奔跑，越跑越快，越跑越累，但是它们始终都没有跑出笼子。

"老鼠赛跑"的这种场景，就非常像现实生活中那些"忙碌奔波型"的人们，在自己的人生轨道上，每天的日子就像是老鼠赛跑一样，拼命的跑呀跑呀，奋斗着，挣扎着，追逐着，永远也跑不出去。

"忙碌奔波型"的人，习惯性地去关注下一个目标，常常忽略了眼前的事情。整日为实现目标而忙碌奔波，不断认为成功就是幸福；并且坚信目标实现后，才会放松和解脱，那时才是幸福的。

他们很少能顿足欣赏路边的风景，他们人生的目标就是向前、向前面；向钱，向金钱；想钱，只想钱。拥有了钱，就拥有了他们想要的。

他们的人生目标："当我到达那里的时候，当我拥有那些东西的时候……我才会快乐，才会感到幸福"。

因此，就不停地从一个目标奔向另一个目标……

可是当他们真的得到自己想要的东西时，却发现自己并没有想象中的那么幸福，依然觉得别人拥有的那些东西才是最好的。

人生不是一场赛跑，而是一次旅行。面对一路如画的风景，不要跑得那么快，停下脚步慢慢地走、细细地品、好好地活，用心体验每一段的景致。人活一场，最终收获的是体验和感动。

# 幸福力小熨斗：求人不如求己

近年来，心理健康领域研究有一个热点话题：心理弹性，也译为心理抗逆力或心理复原力。

心理弹性是指在遭遇逆境时，有助于个体适应不利环境的保护性因素，即个体面对逆境时，保护心理健康不受损害的机制。在现代人生活工作压力日益加大、心理健康日益成为关注焦点的背景下，心理弹性的研究极其重要。

## 越挫越勇的小白鼠

有一个很经典的小白鼠实验：研究者将一只小白鼠丢入装水的器皿中，小白鼠会拼命地挣扎求生，大约维持8分钟，小白鼠就奄奄一息。

实验人员让小白鼠休息一会，再把小白鼠放入器皿中。在它们挣扎5分钟左右的时候，放入一个可以让它爬出器皿的跳板，这只小白鼠得救了。第三次，将这只大难不死的小白鼠放入同样的器皿中，这只小白鼠竟然可以坚持24分钟，三倍于第一次放入水中的时间。

实验结果表明：第一次，小白鼠因为没有逃生的经验，它们只能凭自己的本能挣扎求生；第二次，在小白鼠还有力气挣扎的时候，跳板帮助它逃生；第三次，小白鼠能够坚持三倍的时间，是因为它的内心对逃生有期盼和希望。

这个实验也证明了：精彩的人生是越挫越勇的。

我们常常用"智商"评价智力高低，用"情商"评价为人处世、待人接物的能力高低，用"挫商"评价困难忍耐度的高低。

## 低挫商：凡事往坏处想

半个世纪前，美国心理学家阿尔伯特·艾利斯定义"低挫折忍耐度"（低挫商）。他认为，许多当代人已被"宠坏"，无法忍受挫折。稍有不称心如意之处，低挫商者就会觉得这种事情根本不该发生在自己身上，并且绝对不能接受，进而引发灾难性后果。

"凡事往坏处想"的思维定式让他们付出了惨痛的代价。一方面，这会产生更多焦虑、抑郁、愤怒等负面情绪；另一方面，负面情绪会导致糟糕的行为决策，比如发泄怒火或无所作为。

提高"挫商"需要先改变大脑中消极悲观的负面思维定式，阻碍负面联想。

人们通常认为，身体经历磨难一定是肉体受伤、皮开肉绽，痊愈后还会长出丑陋的疤痕，最好的情形不过是"恢复原样"。这种思维模式认为在遭遇挫折时，要么变得更糟，要么没有太大影响。其实，这两种都属于悲观认知，很容易产生负面联想，被怨恨或恐惧的消极情绪压倒。

其实，大脑与躯体不同。大脑在遭遇挫折时还会有第三种结果——逆境成长。如小白鼠一般"越挫越勇"。

心理学家理查德·特德斯奇提出，虽然越挫越勇的心理建构能力并不易，但许多人经历危机后，确实会变得更"好"。他们的精神会更成熟，心态更开放，共情能力更高，更加自信，也会更加支持周围的人，甚至幸福感和满意度都会提高。

## 关心他人能增强心理韧性

心理学家曾经在美国找了1000位年龄在34-93岁的人，问他们两个问题："去年的你，感受到多少压力？"以及"你花多少时间帮助朋友、邻居和其他人？"心理学家在随后五年通过阶段性回访和公共记录查看参与者的情况。

研究发现，生活中如发生财政困难、家庭危机、离婚、丧子、失业等重大压力事件会增加30%的死亡风险。但是，那些愿意花时间关心他人的人，完全没有体现出与压力相关的死亡风险。虽然同样经历一些重大压力事件，但是这些给他们带来"零"死亡风险。

关心他人能够增强心理韧性。与他人沟通，能够有效排解压力带来的死亡风险，让生命更有韧性。

## 求人不如求己

有这样一个古老的故事：有人遇到难事，去寺庙里求观音。走进庙里，他发现观音像前也有人在拜，但是那个人长得（相）和观音一模一样。

他问："你是观音吗？"

那人答道："正是。"

他又问："那你为何还拜自己？"

观音笑道："我也遇到了难事，但我知道，求人不如求己。"

怨人不如自怨，求诸人不如求于己。寻求别人的帮助来解决问题，固然可以轻松一些，但并非长久之计。别人可以帮你一时，但帮不了你一世。仰求别人，不如自己努力。况

且，求人也不易，只有真正认识自己，依靠自己，才能拯救自己。

增强面对压力、危机、挫折和创伤的适应能力和应对能力，如同手持着"幸福力小熨斗"。当我们遭遇挫折和压力的时候，拿起"幸福力小熨斗"抚平我们心头的皱褶、烦恼和焦虑。心理弹性让我们有能力与挫折做朋友。

压力能否影响我们取决于我们对压力的态度。把失败和挫折看成动力，我们可以继续行走，越挫越强，只有经历低谷和孤独，我们才能攀登高峰，感受精彩。

"幸福力小熨斗"是我们的心理抗挫力。抗挫力决定一个人事业的成败，而轻度的挫折是一种"精神补品"和"心理免疫疫苗"。

# 今天你微笑了吗

今天需要问一问自己：我微笑了吗？

微笑是一个人在向周围的人释放一种友善与平和的信息。微笑的表情不仅可以使我们的内心快乐，也会让看到你微笑的人同样的快乐起来。快乐是会传染的，因为微笑能够感染别人。

国外科学家研究表明：大笑1分钟相当于运动了45分钟，大笑时人体消耗的热量要比不笑时多出20%。

科学家在研究中还发现，每个人的脸上都会有19种微笑的表情，其中18种是假笑，是属于社交性微笑；只有一种微笑是真笑：嘴角上翘，露8颗牙，脸颊肌肉运动了；笑眯眯的眼角，出现鱼尾纹，眼匝肌运动了，这时大脑左侧分泌快乐的物质，人体才能感受到快乐；真笑的人心情会越来越好，欢笑也越来越多，幸福感也会越来越强。

如果一个人长期没有真笑，都是在用社交性微笑（假笑），很容易引起"微笑抑郁症"。

世界名模辛迪·克劳馥说过这样一句话：当一个女人出门忘了化妆时，最好的补救方法，就是亮出你的微笑。

### 笑到底能给人类带来那些好处

随着科技的发展，科学家们在研究中发现：人的机体衰老并不是一个无法抗拒的规律。人的老化过程，不是人体器官衰竭所导致的，而是由于我们体内有益的荷尔蒙分泌量不足所造成的。

## 什么是对人类有害的荷尔蒙

一个人要健康地活着，离不开这两种活性氧。一种是自然界存在的活性氧；另一种是我们吸入的空气，在体内变化后所形成的活性氧。一旦出现活性氧分泌过量，就会给人类健康带来伤害。活性氧就是对人类有害的荷尔蒙。

当一个人情绪不好的时候，大量的有毒活性氧会在人体内产生这些活性氧就会在人体内部制造出许多衰老物质，破坏人的遗传基因，并且还容易成为各种疾病和衰老的诱因。

而当一个人的情绪处在兴奋状态时，特别是笑的时候，会促使大脑产生一种名叫内腓肽的化学物质，它可起到轻度的麻醉和镇静作用，使人感觉舒适愉快。这种有益的荷尔蒙，会通过身体的血液循环，把欢乐的情绪传递给体内的各个器官，让身体氧气和营养成分充分地发挥作用，促进神经细胞产生和传导兴奋，从而增强身体的免疫力。

英国哲学家罗素说："笑是最便宜的灵丹妙药，是一种万能药。"笑能够给人们带来健康和长寿。一个人选择了笑，就等于选择了健康。如果一个人的微笑是不真实的，是假笑，是强装的笑，这样的笑不仅对身体有害，还会使人患上"微笑抑郁症"。

# 算算你的幸福是多少

国际积极心理学创始人马丁·塞里格曼教授提出一个幸福公式："H=S+C+V(总幸福指数 = 先天的遗传素质+后天的环境+可自控的心理力量)"。

## 1. 先天的遗传素质

先天的遗传素质是指每个人身上继承的父母的基因。

当受精卵形成胚胎着床母体后，再经过母亲的十月怀胎，到呱呱坠地。我们无法选择何时出生，也无法选择遗传父母中哪一位的容貌、体态和性情。

"他是一个幸运儿"。有些人似乎很幸运，生来带着优势和光环，遗传基因带给他们一生的骄傲。

"他真是不幸。"有的人一出生就遭受世间最苦难的折磨。如果"公平"不是专指价值或机会均等，那么"先天的遗传素质"中就加载着不公平的砝码。

无论"出生"是否公平，大多数人都不会对"出生"这个问题耿耿于怀。我们从小爱着父母，一直认为爸爸妈妈是天底下最好的。

就我而言，只要想到父母，心中就会涌起对父母的感激之情。如果当年爸爸没有在20岁那年参军离开老家，妈妈没有在18岁的时候从军支援边疆；假如他们没有相爱结合，那么，就没有我和两个哥哥的生命。

父母给予生命就已经是天大的恩情了。谁还会去计较父母拥有怎样的背景、他们把我生在哪里这些问题呢。

知足的情怀源于感恩。我拥有健全的肢体，可以做自己想到的事；我非闭月羞花也非长相丑陋；我不用为智商而苦恼。这些都是我先天遗传中的良性基因，在感恩中把它们发扬光大。

没有谁能够挡住人们对幸福的渴望和追求。既然"先天的遗传素质"并不是捆绑我们幸福的主要元素，又何必为出生时的"命好与命不好"而纠结呢。当下最需要做的事是：认识自己的遗传基因中有多少是优良品种，有多少是需要淘汰或就改变的品种。认识并并了解它们，对我们能否把握住当下的幸福至关重要。

"知己知彼，百战不殆。"这句话告诉我们：只有对敌我双方的情况都了解透彻了，打起仗来才可以立于不败之地。

先天遗传的烙印既然无法改变，那么，我们就去认识和利用它。一个人如果能够对他的"先天遗传素质"了解透彻，面对现实中的幸福和痛苦时，也做到知己知彼，成为百战不殆的幸福赢家。

"我是谁？"这是太多人苦恼的问题。当一个人知道自己是谁的时候，那么，"我是怎样的人""我能做怎样的事"等问题也就能迎刃而解了。

### 2. 后天的环境

在"后天的环境"中认识自己，为幸福公式增加砝码。

二十岁之前，我们获取的大部分知识和信息主要来源于家庭和周边环境。生活的环境，接受的教育，父母的家教方式，接触的人群，直接影响着我们生命的前二十年。

英国著名的教育社会学家伯恩斯坦曾提出"家庭文化编码"。伯恩斯坦发现，生活在不同家庭背景下的孩子会形成不同的、独特的家庭文化编码。孩子们的规矩、习惯、处世方式，很大程度上受到孩子的父母或亲戚长辈的影响。

家庭文化编码是一种家庭烙印。它看不见、摸不着，却以内隐的情景方式存在着，并时时刻刻影响着我们的言行。

"栽什么树苗，结什么果，撒什么种子，开什么花。"

我们每个人身上都强烈地打上了家庭的烙印，这种烙印如影随形，相伴一生。

大多数人在随后几十年中，仍深受前二十年的教育背景、家庭教养和周遭环境的影响，没有改变，只有延续。但是，也有一些人继续接受教育、努力改变生活环境，重新谱写新的生命历程。这也许就是为什么在现实社会中，最终只有一小部分人很成功，而大多数人并没有太大的改变，总是在幸福和痛苦中纠结。

无论先天遗传因素怎样，过去经历如何，对于今天而言并不重要。放下不再适合的，转变不再有用的，接纳无法改变的，不断地向幸福前进。

### 3. 可自控的心理力量

"可自控的心理力量"是"幸福公式"中最重要的一个砝码。它的存在就能能修复先天遗传烙印，缩小后天环境对我们的影响。

在幸福公式中，有一把开启幸福大门的金钥匙。这把幸福的金钥匙就握在改变者的手中。这些人不受"先天遗传素质"的影响，并积极改变"后天的环境"，成为生活中"能够主动控制心理力量"的幸福引领者。

这枚开启幸福大门的金钥匙就是幸福力，即人们获得幸福的能力。

无论是"先天的遗传素质",还是"后天的环境",关键在于当下是否行动、是否学会拥有属于自己的幸福力。

幸福力是情感力、认知力、健康力、抗挫力、意志力、微笑力和德行力的总和。幸福力是幸福人生的原动力。谁具备了幸福力,谁就拥有长久和持续的幸福,而非短暂的情绪体验。

一个人幸福的能力表现在以下几个方面:

1. 正面思考的能力,凡事往好处想的正向思维;

2. 乐观向上的心态,充满正能量的人际关系;

3. 抗击挫折的能力,越挫越勇的幸福力小戮斗;

4. 感恩行善的德行,乐于奉献真善美的向日葵。

此刻,面对幸福公式:$H=S+C+V$,可以动手来算一算,你的幸福等于多少?

# 父母的教养是孩子的福根

这是写在父亲节的一篇感恩日记。给远在天堂的爸爸说一句:"爸爸,节日快乐!"一声问候之后,便是泪流满面。爸爸远去天堂已经32年了，每每提笔，心底依然是那么脆弱和伤感，爸爸的溘然离世成为我心中永远的痛。

32年来，我与爸爸人间天堂两相望。我相信爸爸在天堂一直保佑着我们全家人。

爸爸是解放前的高中毕业生，不到二十岁就跟随部队去解放新疆。按如今的标准来评定。爸爸就是一位帅哥、暖男、才子。

爸爸的一生只有57年。有时我在想，爸爸的一生似乎都是在孕育和培养他的三个儿女。而我每一步的成长都浸透着爸爸的智慧和心血。

我最庆幸的事情就是传承了爸爸妈妈强大的基因：无论是智商还是颜值；最大的幸福，就是要接受爸爸最好的教育：一是阅读（爱学习、爱读书）；二是乐观（少生气、多忍耐）；三是谦让（多付出、不计较）。

## 爱阅读的爸爸：爱学习、爱读书

在我还没有上学之前，我们家有一样东西是其他小朋友家里都没有的——书架。在一个近万人的大企业中，我家有个一米多高的书架，放着爸爸购买的许多不同类型的书籍，而我们兄妹三人的童年时光，就是围着书架上的那些书籍，它们成为我们最好的玩具。

记忆中，爸爸除了干家务，大多数的时间就是在看书或练书法。爸爸写得一手好字和好文章；受爸爸的影响，我也会用阅读来打发时光，并且养成了爱学习、爱读书的习惯，这个习惯改变了我的人生。

　　"学习好是最重要的！"

　　记得上小学二年级的时候，妈妈给我买了一件粉红色的的确良衬衣（七十年代初期最流行的时装）。当时，我是全年级第一位拥有的确良衬衣的小学生。班主任老师在下课后侧面提醒我要注意影响，同学们都在议论你的衣服。谁知在期末放假前，身为班长，学习成绩又是最优秀的我，在成绩单上，竟然看见了班主任老师这样一段评语："王薇华同学，学习好、劳动好、体育好，能起到班长的模范带头作用，但是小资产阶级思想比较严重，喜欢讲穿，喜欢与穿得好、长得好的同学玩儿，不能团结大多数同学……"

　　记得当年回家后给爸爸看了成绩单上老师的评语，爸爸看后轻描淡写的说："学习好是最重要的，女孩子都是爱漂亮的。"

　　"学习好是最重要的！"学习好又爱漂亮，成为我一路的伴随，从内到外都要美美哒。一路读书、一路爱美，让我既拥有几大柜书籍，又拥有几大柜衣服。

## 你是一个与众不同的女孩

记得我10岁那年，和几个同学在外玩耍，被旁边的叔叔阿姨们评论道：这女孩气质好，你瞧，笑得多甜。

回家后，我满怀遗憾的对爸爸说着大人们的评价，对自己只获得"气质好"而耿耿于怀、很不开心。记得爸爸当时说：你是一个与众不同的女孩儿。

"你是一个与众不同的女孩儿。"伴随我走过万水千山。从1988年一个人开始从新疆到海南闯海，成为喀什市第一位停薪留职的国家干部，到而立之年，因生儿育女在家做全职妈妈五六年，期间还自考读研，随后独自来到北京考博，在读书边工作中完成了博士课程，到不惑之年获得工学博士学位，随后潜心五年研修积极心理学，不仅完成跨学科的学习，也实现了我15岁时的梦想：当一名老师、作家。

爸爸的一句话，就像一颗种子，深埋在我的心里，现在，它生根结果了。

## 女儿今后可以成为一名作家

记得12岁的暑假，我看完《红岩》后，兴致勃勃地给爸爸讲着书中的故事，只记得爸爸当时托着腮正在专注地听我讲述时，家里来了一位爸爸的同事，爸爸起身与叔叔说话，并搂着我的肩膀，对叔叔说："正在听女儿讲《红岩》里的故事，我觉得我女儿了不起呀，口才好，作文也写得好，今后可以成为一名作家。"

"女儿今后可以成为一名作家。"听到这句话，我当时真是脸红心跳，害羞地低着头，不知所措。对一个12岁的女孩来说，作家是一个多么神圣又令人向往的职业啊，那简直太遥不可及了。

至今，我似乎都能感到爸爸搭在我肩上的那双手，以及手上的余温，那份寄托和宠爱一直伴随着我。

时隔33年，在我45岁时，出版了《幸福法则》（2009年）真正的成为了一名作家；48岁时，出版了《幸福的能力》（2012年）成为优秀畅销书作家，到目前为止我前后已出版了6本著作。终于，实现了儿时那个遥不可及的梦想。

## 少计较多付出

记得上小学的时候，我的学习成绩很出色，是个德智体美全面发展的好学生。这时爸爸对我说，不用在班里争什么名分，有些机会可以给身旁的同学。我按照爸爸的话去做了，发现自己在班里同学们中的威信更高了。读初中时，爸爸又对我说：你已经做到了不计较，今后你若是遇见比你还

不计较的人，一定要让她成为你的好朋友。

"与比我还不计较的人做好朋友"。这些年，我一直都是以这个标准在择友，结果发现，人群中最优秀的人们都被我遇见了，我的朋友都具有三大特点：大笑，大傻，大侠。

感谢我的老爸，教给我最好的交友方法。让我学会多付出、少计较，让我赢得了更好的朋友，收获了更多的福气。

亲爱的爸爸，感恩您的基因和教诲。女儿每一个细胞、每一寸肌肤，都有您的爱和心血；女儿的每一个进步、每一次改变，都是受您的教育和传承。

好幸运，我能成为您的女儿，虽然只是短短的21年相伴，您却影响了我的一生，还有我的一双子女。一直以来，我都很努力，为的是不辜负您的期望；一直都在坚持，为的是成就您的心愿。

如果有来生，我还要做爸爸妈妈的女儿。在父亲节到来之际，感恩我的爸爸和妈妈，感恩父母的基因和教诲，感恩你们赐予我生命。

# 惟孝顺父母，可以解忧

经常听到这样的话："现代的孩子不懂感恩，道德没了根。"

曾经遇见这样的一件事情：有一位上高中的男孩儿成绩不错，但是总是衣来伸手，饭来张口，对父母亲的付出没有任何感激的反应，连简单的谢谢都不曾说过。

母亲忍不住对儿子说："今后上学、放学的时候应该向父母亲打招呼问好，吃饭前后要向父母亲表示感谢，并要说爸妈辛苦了。"

儿子说："你们这样做，不是把我当小猫小狗在训练吗？"

母亲说："我们每天为你做这么多的事情，你说声'谢谢、辛苦了'，这样的话并不过分呀。"

儿子继续说："不是说母爱是无私的吗？"

母亲说："父母对儿女的爱是无私的，但是，儿女对父母的爱也应该是无私的。每个人的需求都是一样的。你心里想着多得到享受、多被人照顾，其他人也是同样希望有人能这样照顾自己。表达感恩的语言就是对父母表示爱。"

当我们获得别人给予的照顾和帮助时，说一句"谢谢，辛苦了"这类感谢的话，是每个人教养的体现，这是德行教育，但是如今很多孩子不懂、不会，也不在意了。

对孩子的感恩教育，除了让孩子学会生活的细微习惯和礼节之外，最重要的意义是让孩子在感恩中学会做人。有些父母认为，如今的社会已经不讲究客套和礼节，便任由孩子随性自由。但缺乏家教的孩子，缺少的不只是礼节，更是德行。

没有感恩、不懂珍惜，就没有道德之根，也不会得到别人长久的帮助。

如今的社会，人心浮躁，不满情绪太多，其背后缺少的就是感恩的心。感恩的心，就像水中放入一小块明矾，能沉淀出水中的渣滓；感恩的心，也能消除人们的怨恨和不幸，让生活更加美好。

几年前的"五一"期间，母亲重病入院，我去照顾。在入住的酒店里，我看见许多年轻的父母带着年幼的孩子外出旅游，一家人其乐融融。在医院里，我看见卧床的老人在无助孤独中呻吟。这是两幅多么完全不同的"亲子"画面啊，我顿时感慨万千。

天下父母对子女多是尽心尽力，舍得花钱，宠爱有加，甚至可以把命搭给孩子。可是，当父母年迈衰老时，只是期待子女回报当年的宠爱，却成了泡影。这是父母教子的悲剧，还是德行缺失的悲哀？

面对年迈的父母，我会去想这样的问题：几十年之后，自己的晚年会是怎样的？儿女会像我对父母那样去照顾自己吗？

与其说孝敬父母是回报养育之恩，不如说是在用榜样的力量给儿女们言传身教。孝顺的道理很简单：老年人的今天，是中年人的明天，也是青少年的后天。

每年生日，我都会专程到桂林与母亲一起度过。晚上，我与母亲并肩躺在床上，拉着母亲的手，轻轻的揉搓，猛然间觉得自己的手与母亲的手一模一样，只是妈妈的手更柔软、更无力。

我望着妈妈的手，百感交集。这双手曾是一把屎一把尿把我养大。小时候，无论是冬天的棉袄棉裤和棉鞋，还是春秋的毛衣毛裤，都是妈妈用这双手一针一线做成的。儿时许多个晚上，我都会看见妈妈在灯下给一家五口人做衣服、打毛衣，白天，妈妈还要工作八小时。妈妈用这双手供我读书，牵着我走进学校，一路风尘中给我无数的支持和帮助。

如今，这双手已经没有当年的力气和灵巧，弱弱地颤抖着，犹如那盏摇曳的蜡烛，能量的输入全靠儿女精心的护理和安顿。

"所谓父女母子一场，只不过意味着，你和他的缘分就是今生今世不断地在目送他们的背影渐行渐远。你站立在小路的这一端，看着他逐渐消失在小路转弯的地方，而且，他们用背影默默告诉你：不必追。——树欲静而风不止，子欲养而亲不待。"这段话道尽了父母儿女的情缘，做儿女的要及时行孝感恩呀！

儿女对老年父母多一份体贴和理解，父母亲就会多获得一份喜悦和满足，多收获一份晚年的幸福。

妈妈康复后，我要返京了。

我告诉妈妈："我明天要回去了。"

妈妈问："你回哪里？"我回答："我回北京。"

妈妈问："我在哪里？"我答到："妈妈，你在桂林。"

我再问妈妈："我回哪里？"妈妈答："你回北京。"

我又问："你在哪里？"妈妈答："我在桂林。"

那年有两个月，妈妈二度高烧入院，我前后三十多天精心护理，帮助妈妈战胜病魔。但是明显感觉到，妈妈的记忆大不如前。

在医院的日子里，我看着妈妈从高烧深度昏迷，到逐渐恢复意识；从浑身僵硬，到手指能轻微抖动，再到手能举过头顶梳理自己的头发，我仿佛看到一个新生儿生长发育的全过程。清醒之后，妈妈的声音微弱而柔软，像娇嫩的女孩儿，我仿佛看到了妈妈的幼儿时期，忍不住要去疼惜她、爱护她。

康复出院后，我时常能感觉到妈妈的变化。清醒时，她会问我"你吃了吗？睡的好吗？我生病影响你工作吗"等体贴入微的话语；糊涂时，妈妈会对我发火，有时还会撒娇。

第二次住院时，妈妈一直在使用流食管。昏迷了九天的妈妈睁开眼睛后，突然很生气地对我说："为什么这么久不给我吃饭，饿的我头晕了，我要吃馒头。"

妈妈有食欲了。我激动的对妈妈说：您等着，我这就去买。

我快步冲下楼去找馒头。奔走的路上想到妈妈发火时的神情，我禁不住笑了，未来还有多少这样的日子……

我笑着接受妈妈糊涂时不知情的责骂。

我忙得不亦乐乎、悉心照顾着妈妈。

我细心安排妈妈每一餐饭的营养搭配。

我操心费神妈妈每一个坐姿是否舒服。

我笑着、感受着、体悟着，庆幸自己还是个有妈的孩子，还能为妈妈尽孝，还有机会接受妈妈的数落。

护理妈妈的日常中，辛苦、单调、费力、操心，努力的过程丝毫不亚于写作一本书、准备一堂大课。每晚回到酒店，更是浑身无力，满脑子想的都是妈妈明天的餐食和护理。

忠孝难两全、久病床前无孝子、行孝不能等，这些古训都在考量儿女对父母的孝道。

何为孝？"孝"是指儿女对父母的尽心奉养。也许每个儿女都想做到尽心奉养父母，可是现实中又有几个人能真正的做到呢？

护理妈妈的日子里，我很少想到"孝"，更多是对妈妈的"爱"。回报妈妈生养之爱、赐予生命之爱，让自己爱的人舒服没有痛苦；让自己爱妈妈的心，没有遗憾；为自己爱的后代留下榜样。这也许就是我对"孝"的诠释和执行。

"父母在，不远游，游必有方。"我从二十多岁就离开父母，单枪匹马，闯荡天下，对萦绕梦里的故乡越来越模糊，但是对父母的爱却越来越浓郁深厚。

生命的延续是替父母实现他们年轻时的梦想、宏志和夙愿；是在父母最需要照顾和分忧的时候，尽自己最大的努力去付出。

无憾的人生，是父母远在天堂时，他们看着你在笑，你想到他们时也在笑，而不是流泪。因为，泪水除了思念，还有一份遗憾和自责。

"天下最不能等待的事情，莫过于孝敬父母。"

小时候听妈妈讲过一个故事。有一位年轻相公，爱上一个女子。相公不知道这个女子是鬼变的，为了讨女子欢心，倾其所有，尽其所能。一天，女鬼对相公说："只有吃了你母亲的心，我才能快乐。"相公毫不犹豫地答应了。黑夜里，相公捧着妈妈的心匆匆赶往女鬼身旁。经过一片树林地时，相公不小心摔了一跤，心被抛出老远，相公费劲地从地上爬起来，却听到那颗心在问："我的儿，你跌疼了吗？"

儿时流着眼泪听完这个故事，内心充满了对那个相公的愤恨。长大之后才发现，身旁这种"娶了媳妇忘了娘"的男人还真是不少。母亲宠爱孩子是一生，孩子需要母亲是一时。在父母年老时掏心掏肺的宠爱和照顾父母，那才是真孝顺。

## 怎样才能做一个孝顺的儿女呢

年轻的时候认为敬爱父母、照顾好父母就是孝顺。随着年龄的增长，我逐渐意识到，做有孝心的儿女也许不难，但成为凡事顺遂父母心意的儿女却并非易事。

记得三十多岁的时候，父母亲还没有进入老年，行动自理，思维敏捷，我常常会与母亲因为观点的不同而发生顶撞和争执的情况，有时还会动点肝火，发点脾气，不懂得忍让，只是一味的撒娇任性。最近几年，眼看着年近八十的母亲行动逐渐迟缓，说话语气缓慢，常常坐在那里一语不发。我突然觉得，母亲就像无助的孩子，依赖着儿女，生活质量和心情指数都依靠着儿女。

看着风烛残年、白发苍苍的父母亲，即使再强硬的嘴、再要强的舌，也不敢在父母面前随意言辞了。

"惟孝顺父母，可以解忧。"如今，我全面理解了"孝"的内涵：孝顺就是儿女对年老的父母真心的忍让、敬爱让父母开心、快乐、满意、舒适地度过每一天；孝顺是儿女对父母养育之恩的最好回报，也是送给父母晚年幸福的大礼包。


有始有终的幸福人生应该是这样的：无论在哪个人生阶段，都有人用爱把你捧在手心里。少儿时有父母宠爱、成人后有爱人宠爱、老年时有儿女宠爱，你始终是个宝。

生命的延续在感恩中传递、生命的美好在感恩中体悟。

# 感恩的好处和感激的研究

感恩是积极心理学研究的核心概念之一，这是一种情感体验，具有情感、心境、情绪三种层次水平。感恩有两种表现形式：状态感恩和特质感恩。

感恩与幸福感、亲社会行为具有紧密关系，可以用拓宽建构理论、道德情感理论进行解释。感恩干预日益受到学者关注，细数恩惠和感恩拜访等干预方法已被证明可以显著提升被试者的幸福感水平。

## 感恩的解释

在《现代汉语词典》中，感恩是指"对别人所给的帮助表示感激，是对他人帮助的回报。"牛津字典给的定义是："乐于把得到好处的感激呈现出来且回馈他人。"中国传统文化中的感恩与报恩很相似，"滴水之恩，涌泉相报""鸦有反哺之义，羊有跪乳之恩"。

感恩源于拉丁语中的gratia，意为优雅、高尚和感激，后引申为"好心""慷慨""礼物""获得与赠予之美""从无到有"等意。在古代,感恩被认为是能使生活变得更加美好的一种美德。而如今,学者们强调感恩的表达与陶冶对个人发展和社会繁荣具有重大的意义。

亚当·斯密在《道德情操论》一书中认为,"感恩与怨恨、喜爱一样是一种基本的社会情感。感恩是激发个体对施惠者做出善意行为的重要因素之一,是促使我们做出报答行为最迅速、最直接的情绪"。

昨天你伤害了我,你对我不好,我不会耿耿于怀,而是感激你昨天给我一次受到伤害的机会,让我体验一次生命中的苦难,经历伤害的过程使我得到了锻炼和提高。

感恩是积极心理学非常重要的元素。

## 感恩是爱的能力

爱是什么?是一种难以言表的能力。对每个人而言,首先要学会"爱自己",因为一个不懂得珍爱自己的人是不可能懂得爱别人的。同样,感恩也是幸福的密码,具备感恩能力的人,每天都会发自内心地想到别人的优点,而贪婪的人则会整日抱怨旁人的缺点。这会是两种完全不同的人生境界。

## 科学家们对感恩的研究

2010年感恩节前夕，《华尔街日报》发表了一篇关于科学家们对感恩研究的文章，文章中提到感恩能够带来的八个好处：

1. 感恩的人更健康；

2. 感恩的人更幸福；

3. 感恩的人更乐观；

4. 感恩的人朋友更多；

5. 感恩的人不容易抑郁、嫉妒、贪婪或酗酒；

6. 感恩的人挣钱更多；

7. 感恩的孩子成绩更好；

8. 感恩的孩子较少头疼、胃疼。

## 感恩的好处

感恩不只是简单地说声"谢谢你"，感恩是一种发自内心的感动，并自觉付诸于行动。根据加州州立大学心理学教授博诺博士所述，感恩是认识和承认发生在生活中积极的事件以及涉及的人物和地点，是一种性格或情绪使人们能够正面回应他人给与的好处。博诺博士团队的研究成果表明，懂得感恩的青少年更快乐，较少滥用毒品和酒精，较少有不良行为。

## 感激生活的研究

斯坦福大学精神学家欧文·亚隆教授的研究中证明了感激生活带来的好处。

亚隆教授的研究对象是身患不治之症的病人。他分别找到那些被医生断言生命只能维持三个月、六个月或最后一年的人，研究这些人用感激生活的态度去面对现状和家人时的状况，让他们在面对最糟糕的现状和死亡的时候，心怀感激依然充满爱和美好。

"我这辈子第一次觉得自己活着。"

"我这辈子第一次懂得呼吸的价值。"

"这么多年来，我第一次感激我丈夫，我妻子，我孩子，我朋友，感激花草。我这辈子第一次懂得感激这些东西"。

在这之前他们根本不关注也不"感激"身旁的人、遇见的事、看见的东西。他们当中大部分关注困难、关注挫折，都在关注消极的东西。

研究结论表明，我们要时刻关注内心和身边的美好，不要对周遭的一切习以为常，否则我们对爱和美好的感受就会变得迟钝，这也会影响到我们自己的幸福指数，甚至身体健康状况。

## 感激的作用研究

　　研究者是著名心理学家麦卡洛。研究方法是随机挑出一群人，把他们分成四组。第一组每晚睡前写下至少五件他们感激的事，大事小事都行；第二组写下至少五件在生活中与别人发生争吵或坏事；第三组写下至少五处你比别人优秀的地方；第四组是对发生照组，随便写下一天中遇到的任何事。

　　测量标准是通过四组测试人员的记录，鉴别他们的乐观、幸福、健康程度，以及慷慨和仁慈程度，还有人生成功的可能性。实验结果表明，最差的是第二组。最好的是第一组，他们最乐观，最有可能达成目标，对别人最大方，最仁慈，也最健康。

　　这个实验告诉我们，学会感激可以使人变得更健康，更快乐，更成功。

# 有信念的人是幸福的

　　社会学家说当今的世界是一个信念缺失的时代。德国思想家尼采说过一句名言："上帝死了。"如今在街头可以看见有一种T恤上印着"尼采死了"，后面署名"上帝"。

在西方，有不少人已不再相信这个世界上有上帝；在东方，有不少人已成为虚无主义者。信念的缺失，使人们根本不知道活着的终极目的是什么，甚至有意识回避这个问题，还有不少人在迷失中失去了内心的信念。

为什么如今人们的生活越来越好，但是感觉不幸福的人却越来越多呢？用雨果曾经说过的话来回答："什么也不信的人不会有幸福。"

人的生命中什么都可以缺失，譬如失去一只眼睛，或者一条健全的腿，但就是不能失去信念。失去信念的人犹如失去生命的意义，而没有信念的生活，人生路上将是黯淡无光。如何在今天这样一个科学技术发达的世界中提升自己的信念度，去达到一个更高的水平呢？

如果说自尊能够培养，自信也能够培养，那么信念能够培育吗？我们能拥有属于自己的信念吗？我们是否能在人生中找到一个高于自己生命的召唤？人生旅程需要信念的力量。人，盲目地活着很容易，为了生存去谋生，去干一份活，挣一分钱，养活自己和家人，那只不过是每天填饱肚子。这样的生活会让人感到压抑、沮丧、空洞、空虚。这是

她
幸
福

因为找不到一个高于自己生命的召唤。

## 什么才是我们给生命赋予的意义

一个人要有目的地活着并不是一件容易的事情，需要认真地去思考活着的目的，要去寻求活着的真正意义。正是对意义的追寻，才能听到来自内心真正的呼声，去发现此生的使命，为了兑现生命的意义，并依顺着内心的召唤和使命，去找寻生命中安身立命之所。

我们来到这个地球上到底要做什么？我们人生的使命是什么？什么给我们带来快乐和乐趣？

为什么有些人在拥有了金钱、名誉、地位以及许多别人看来求之不得的东西后，却显得一点都不快乐呢？正是因为他们根本就没有得到自己内心真正想要的东西。虽然他们也非常努力，但他们并不是在为自己的信念而努力、而奋斗，而是在追求幸福的过程中，他们追求财富的潜力被大打折扣。所以即使这些人拥有了旁人眼里所谓的成功，他们依然是不快乐的。

## 什么对我们才是最重要的

一场突如其来的沙尘暴不仅使一位旅行者迷失前进的方向，更可怕的是，旅行者装水和干粮的背包也被风暴卷走了。他翻遍身上所有的口袋，只找到了一个青青的苹果。

"啊，我还有一个苹果！"旅行者惊喜地叫着。

他紧握着那个苹果，独自在沙漠中寻找出路。每当干渴、饥饿、疲乏袭来的时候，他都要看一看手中的苹果，抿一抿干裂的嘴唇，陡然又会增添不少力量。

一天过去了，两天过去了，到了第三天，旅行者终于走出了荒漠。那个他始终未曾咬过一口的青苹果，已干巴得不成样子，他却宝贝似地一直紧攥在手里。

信念是人的精神支撑和寄托，对于一个跌落谷底的、饱尝失望之苦的人来说，信念是支撑一个人能够继续活下去的唯一支柱。信念就像是人生命中的助力器，就算碰到困难，也不会停下来。

司图尔特·米尔曾说过："一个有信念的人，所发出来的力量，不下于99位仅心存兴趣的人。信念是人生的指导原则和基本信仰，就像基督徒信仰上帝一样神圣。"人类一切的成功皆源于自我的信念和勇气。

幸福的人都有一个共同的特点，就是他们一定找到了一个人生的目标，他们理解自己人生的意义。每当早晨醒来，感到自己还活着时，这是一件多么令人高兴的事情。因为我们今天又可以去做我们感兴趣的事情了。

当代最伟大的物理学家斯蒂芬·霍金因为患有运动神经细胞萎缩症而成为高度残疾的人，常年困在轮椅中，但是人们总会从他清澈的双眼中，看到幸福的目光。丝毫没有不快乐的痕迹。他的人生意义又是什么呢？

霍金说："我要竭尽所能了解宇宙的秘密，我也发现并找到了很多的答案，我这一生还能有什么更多的要求呢？"

对一个内心充满信念的人来说，信念是立身的法宝。坚定的信念，使许多身残志坚的人在残酷的命运中通过了严峻的考验。

美国作家爱默生说："一个伟大的灵魂，会强化思想和生命。"没有理想和信念，一个人的境界就会失去核心和灵魂。有信念的人是幸福的，拥有信念的人，生命才会有希望、才有意义。

# 心理健康成就可持续幸福

改革开放以来，经济的快速发展使人们体验着物质财富增长所带来的快感，但幸福感却没有与之同步增长。反而抑郁、焦虑等心理疾病呈明显上升趋势。2009年，中国某机构调查数据显示，中国精神障碍患病率为17.5%，抑郁症的患病率为6.1%，抑郁症患者已高达9000多万。2016年，中国有关抑郁症的调查数据显示，15岁以上人口中，各类精神疾病患者人数已超过1亿，其中1600万人是重性精神障碍患者，其余大多数是抑郁症、自闭症等精神障碍或心理行为障碍患者。甚至有一些被人们羡慕的人（比如明星或公众人物），因为抑郁而选择了自杀。全民的心理健康已成为一个巨大的社会问题。面对抑郁症等精神疾病，人们往往不好意思谈论，也不愿去寻求帮助。还有不少人认为抑郁症只是短暂的情绪不适，从而忽视了它的存在。其实，抑郁症是可防、可治的。

## 积极心理学有助于心理健康

1995年，国务院颁布《全民健身计划纲要》，旨在全面提升国民体质和健康水平。20多年来，"全民健身"已深入社区和家庭，锻炼身体的意识也走进了千家万户。而当下，"全民健心"已成为当务之急。这是一项利民、益国的幸福工程，它不仅能提升人们的心理素质，增强心理健康和社会适应能力，还能为幸福人生奠定基础。

进入21世纪，研究人类美德与优势的积极心理学应运而生。

积极心理学的理论依据源自佛教文化和建构主义哲学，研究的主要方向是：积极的情感、积极的个人特质和积极的社会组织机构。积极情感的建立是引导人们满意和感恩过去，专注和乐观现在，对未来充满希望，并拥有持久和幸福的能力。积极的个人特质包括人类的长处和优点，重点研究爱的能力、勇气、同情心、应变能力、创造力、好奇心、完整性、自我认识、温和、自我控制和智慧等。积极的社会组织机构是研究如何培养和建立更好的组织（企业）、更好的家庭、更好的社区，包括正义感、责任感、文明、养育子女、抚育、职业道德、领导能力、团队精神、宗旨和宽容等。

积极心理学迎合了时代的需要。二战之后的30年无论是心理学界、社会、媒体或机构，人们关注的都是问题人群，以至于人们提到心理学，就会与心理疾病相联系。其实心理学有三个方面的研究使命：治疗有精神疾病的少数人群（这类人群过去占总人口的4%，这几年有上升趋势）；帮助正常人（占总人口的95%）变得越来越好，引导人们过上富有成果和充实的生活；发现和培育超常人才（占总人口的1%）。

积极心理学一改传统心理学对于异常心理现象过分关注的弊病，而聚焦于人的正面情绪，对幸福感进行科学的研究，并发掘人的潜能。积极心理学用最质朴和通俗易懂的科普知识引导人们建立正面思考的方式和思维习惯，帮助人们应对日常的焦虑和压力，并辅助人们从创伤中恢复过来。积极心理学的理论和方法，熨平了心灵皱褶，也化解了心理纠结。

## 心理健康是可持续幸福之源

心理健康是影响经济社会发展的重大公共卫生问题和社会问题。加强心理健康服务、健全社会心理服务体系，及时疏导不良情绪、提高人们的整体心理健康水平，是构建和谐社会的重要内容，也是成就全民可持续幸福的重要途径。

心理健康并不是指一个人的身体没有疾病或没有虚弱的状态，而是指一个人具备生理健康、心理健康，并且社会适应状态的完满；还包括在内外环境变化时，个人依然能够持久地保持正常的心理状态，没有心理困扰和心理疾病。

现代人的生活节奏太快，忽视了内心世界的需求。"压力山大"的生活节奏让抑郁的影子常在身后不远处徘徊，只有停止"喂养焦虑这只鸽子"，学会为自己解压，懂得悲伤的积极作用，用微笑作为最好的良药，并建立自己的幽默百宝箱，才能让我们的内心时常感受到快乐的正能量。

可持续幸福是一个人内在的心理素养。这种心理素养能够帮助人们产生自我"心理健康"的免疫疫苗、产生自我抵御负面能量的心理机制，是实现中国梦的铺路基石。当人们的人格与情境相适应时，个体才会体验到高水平的幸福感，才能获得长久和持续的幸福力。而幸福不仅是一种感觉，更是一种能力，幸福的能力可以扩建可持续幸福。幸福的人，既能创造外在的富有，让生活变得越来越美好和充实；也能获得内在的富足，让心灵变得越来越纯净和喜悦。因为，内心的丰满才是真正的富有，从内到外的富足才是真实的幸福。

# 世界是"她"的：她时代、她经济、她幸福

上个世纪80年代初，我刚上高中，曾与同学们谈论最崇拜的女性。我脱口而出："撒切尔夫人。"在上个世纪八十年代，国际政治舞台上担任首相的女性屈指可数。玛格丽特·希尔达·撒切尔，英国第49任首相，也是英国的第一位女首相，并且是自19世纪初利物浦伯爵以来连任时间最长的英国首相。11年的执政期，撒切尔夫人一直以"铁娘子"的形象而备受关注，被很多女性所崇拜。用现在的话来说，当

年我是真正的"铁粉"——"铁娘子粉"。

记得撒切尔夫人在英国当政时，曾经流传这样的笑话："一个女孩问男孩：'你长大以后想做什么？'男孩说：'当首相。'女孩很吃惊：'男人也能当首相吗？'"可见撒切尔夫人的影响力有多大。

她11年的政坛打拼，让不少人觉得这个时代就是属于女性的。

## 她：21世纪最重要的一个字

2000年1月，美国方言学会举行"世纪之字"评选活动。获得提名的"世纪之字"有"自由""正义""科学""政府""自然""OK""书""她"……进入决赛的只有"科学"和"她"。结果出人意料，最后"她"以35对27的选票战胜"科学"，成为21世纪最重要的字。

现代人也许并不清楚，"她"字在20世纪之前曾经微不足道。在12世纪前，英文里还没有"她"（she），"她"进入汉语字典更是不过百年。1917年，现代诗人刘半农创造了新字"她"。古代汉语字典里没有"她"字，古代的诗词、歌赋、小说中的第三人称代词男女不分，一律写成"他"。1920年诗人刘半农的那首脍炙人口的诗歌《教我如何不想她》，才使"她"字广泛启用流传，正式编入汉语字典。

"她"字被推选为"21世纪最重要的一个字"，有划时代意义，这似乎意味着女性将在21世纪发挥最重要的作用。

## 她时代：女性是21世纪"第一性"

人类学家海伦·费希说："女性将是21世纪的'第一性'。"

她在新著《第一性：女性的天赋及她们如何改变世界》一书中指出："男性的特点可能使他们在工业社会略胜一筹，但在由电子商务、网络社会和协作精神构成的新背景下，男性的优势就不那么明显了。"

"历史"（history）的英文单词是由"他"和"故事"两个词组成的。也就是说，历史是由"他"创造的。然而，在已经到来的21世纪，将因"她"的成功与美丽，改变"历史"的写法。

## "她世纪"诞生了

21世纪是知识经济时代，竞争的方式不再是工业文明时代的体力，而更多地表现为策划、推广、沟通、联络、互动、服务、协调……

当社会从远古靠体力称雄的"力时代"，发展到现在的知识经济时代或信息时代，女性生理上的弱势被慢慢淡化了。女性所表现出来的"情商"品质，成为她们成功的重要特质。女性特有的敏感、细腻、灵活、韧性、关爱、注意力以及第六感觉等优势，将在21世纪大显身手。

她世纪，这也许将不再是笑话，"手袋党"在世界政坛的力量越来越强。以世界第一强国美国为例，在克林顿时代，就已经"总统的一半是女人"了。因为这位成功男人的背后，有杰出的女人——第一夫人希拉里，人称"克林顿领导美国，希拉里领导克林顿"。

## 她经济：女性是第一生产力

她经济又称为女性经济学，是由我博士时期后导师、著名经济学家史清琪教授提出。指的是在社会地位不断提高，以及自主消费能力逐渐旺盛时，女性在社会和经济发展中发挥着越来越重要的作用。经济社会逐渐形成围绕女性的特征，这一性别群体特有的经济现象和市场，女性消费需求与购买能力与日俱增，甚至成为市场重要的新型增长点，对整体经济的推动效果相当显著。

如今的经济世界已经真真切切地被以女性之美为特质和时尚流行所占领，女性主宰消费的主流。谁抓住了女性消费的脉搏，谁就真正地把握住了商机。

美国经济学者费斯·波普康指出，今日美国"80％的消费产品是在女性的影响下完成购买的，每个人都想讨女人欢心，消费市场主力从男性象征的烟草、酒类转变成女性主导的美容用品、健康食物，女性代表的是一股排山倒海的购买力"。

在中国"妇女能顶半边天"。我国有13多亿人口，女性占一半以上。我国家庭中，妻子掌握财权的占40％以上，而丈夫理财的只有20％。调查数据显示：女性主导了一般家庭70％的消费。

在现代社会，谁抓住了女性，谁就抓住了赚钱的机会。要想快速赚钱，就应该将目光瞄准女性的口袋。媒体惊呼："她时代"的"她经济"已经到来。

## "为她服务"荷包掌握在她手中

最早觉察到"21世纪是'她'的世纪"的是敏感的商人。商人们策略的根本点在于：如何了解女人真正的需要，如何预见女人从心理到时尚的趋势。"为她服务"已成为西方服务行业目前流行的经营策略。

据美国一份市场调查数据显示：在1979年，女性商务旅客仅为1%，到2002年，女性商务旅客占到客源的50%。

美国航空公司会专门对员工进行一次"女性商务旅客服务"培训。告诫员工："当一位女客和一群男客一起旅行时，不要以为她就不会是老板。"

英国酒店行业的一项市场调查表明：如果不针对女性服务，就会失去大约40%的客源。因此，许多酒店从每一个细节入手，包括梳妆台、化妆镜、洗手间、灯光等方面，无微不至地为适应女性顾客的需求而调整。有的酒店还在装修风格上从男性化的"俱乐部风格"转向女性化的"家居风格"。

德国汽车商发现商界女强人喜欢开敞篷车，于是便委托研究机构在市场调查的基础上，建立"敞篷车–女性"类型学，开发出"保时捷911·女企业家""美洲豹XK8·女经纪人""奔驰SLX·成功的管理者"等系列。

国际广告协会主席卡·波尔到中国讲学，最重要的观点是："以男性为主的消费主义正在转变为以女性为中心的消费主义。"他说这话的时候，大量女性杂志、女性畅销书、女性网站，乃至女性电视频道已在大张旗鼓地占据市场。

当学者们忧心忡忡地告诫说，"我们希望它们是真的为女性着想，而不是以女性为卖点"。广告商家只能掩嘴而笑：当女人成为消费主体时，以女人为卖点和为女人着想又

有什么区别？

## 她幸福：事业家庭健康三丰收

近年来，伴随着女性教育水平的不断提升，女性在职场中所占的比例越来越大，据统计，目前中国女性就业人数占全社会就业总数的比例已大于40%。特别是其中的一些高学历群体，社会对她们的期望值普遍较高，公司企业对她们的培养目标也较高。

女性一生要经历青春期、妊娠期、哺乳期、更年期等不同时期。女性在不同年龄段还要扮演着女儿、妻子、媳妇、母亲等多种角色，还要挑起生儿育女、照顾老人、承担大部分家务劳动的重担，她们既要平衡生活、家庭方面的关系，还要顾及子女教育和工作等各方面的关系。不同时期、不同的角色都要求女性用不同的心理面对，这种定位的不断转换，常常会使女性感到疲惫。

女性角色的更迭也会成为限制女性在职场发展的瓶颈。如何突破多重身份的"围城"，如何帮助职场女性走出职场困境，使其从容地面对工作环境、享受工作乐趣，做到快乐工作、幸福生活、长寿健康已成为一个重要课题。

在生命的每个过程，拥有你热爱的事情，做有意义的工作；有你爱的人和爱你的人，建立有意义的关系；有你信仰的事情，做心想事成的自己。

世界是她的，时代正赋予"她"生命更宽广的舞台、更精彩的世界。

她幸福，让女性在生命中享受有人爱、有事做、有希望的美好人生；她幸福，让女性从内到外绽放爱的光芒，美貌与智慧并重，德行与大爱齐飞；她幸福，让女性拥有事业、家庭、健康三丰收。

只有她幸福了，她身旁的人们才会更幸福。

她幸福决定上一代人的幸福，这一代人的快乐，下一代人的未来。

时光匆匆，可谓朝如青丝暮成雪，十年沧海如一瞬。转眼来北京工作已经16年了。

2001年秋，初到北京时，觉得自己就像一只孤雁，漫无目的地在空中游荡，浑身充满鸡血式的激情，支撑着我努力飞翔。北京的魅力是绽放式的宽厚，只要你足够的努力和坚定，总能被这座城市接纳。

十年前我博士毕业时，放弃了留校进博士后工作站的机会，潜心钻研只有一面之缘的"积极心理学"。连续6年来，每天工作都在10小时以上，笔耕不辍，研修不止，共出版5本著作。在这座我从小向往的城市里，我实现了少年时代的梦想：成为一名老师、一名作家。

心想事成是命中注定还是事在人为？

我与所有女人都一样，喜欢琢磨、喜欢幻想。我常常憧憬一些不切实际的美好景象。当梦想一时难以实现时，我既会凡事往好处想，也会用泪水冲洗内心的失落。

作为女人，我有自己的独特之处。

一是始终有人生规划和目标。会阶段性地问自己：现在的生活是我想要的嘛？也会及时改变和调整目标，让目标与心中的梦想更贴近。

二是坚持读书和学习。高中毕业之后，书籍是我每天朝夕相处的伴侣，读书成为我唯一的爱好。读书改变了我的命运，也改变了我的容颜。

三是每天与自己的身体对话。今天过得好吗？开心吗？有点累吧，对不起！谢谢你！每日三省吾身，吃好睡好锻炼好。习惯性的与自我对话，让我远离生气、抱怨、计较和疾病。

四是珍爱遇见的每个人、每件事。二十岁时大病治愈，医生说我"大难不死"，从此明白自己活着的每一天都是赚来的。只有用心做好每一件事、善待每一个人，不留遗憾地过好每一天，生命之花才会愈发灿烂绽放。

每位女性变成母亲后都兢兢业业，深知肩上的责任和重担。

母亲应该给孩子留下些什么？2009年我为一双儿女编辑他们的第一本作文集时，写下这样一段话：

"作为母亲，在孩子出生时给他/她一个健全和健康的身体；孩子落地后为他/她创造一个和谐的家庭氛围、培养一种自信乐观的心态；孩子读书时给他/她提供一个好的学习环境、一种积极向上的信念；孩子成人之后为他/她准备足够的接受教育和生存使用的费用，还有一个有价值的人际脉络平台和社会背景。"

古语说："妻贤夫安。" 好男人是一家之主，好女人是一家之魂。从古至今都需要好女人：一个好女人，三代好子孙；家有贤妻，生活才会有品质，生命才会有质感。

如何做一个幸福的好女人？好女人是一家三代的幸福，是一个家庭的灵魂，女人的幸福影响着三代人的幸福感和获得感。

红尘是女性修炼幸福的最佳道场。女人如花的生命在四季中变换着角色。一路看过风花雪月，也走过荆棘丛林；无论是和风细雨，还是凄风冷雨，最美的还是淡若轻风过，浅若梨花落。

"她幸福"构筑女性幸福力：爱的能力、美的能力和善的能力；《她幸福》有助于为女性构筑个人修养、职场生涯和家庭幸福。

《她幸福》的写作期历时三年，书名改了三次。近几年奔波全国各地讲授幸福课，书稿也一拖再拖，断断续续只完成七八万字，直到去年底才初具规模。

2017年寒假，我全身心地沉浸在写作中，享受着创作中的心流体验：看到一句感言会热血沸腾，饮过一杯咖啡会激情满满，吃过一份美食会感恩外溢，听着一曲音乐会泪水涟涟……

《她幸福》有别于已出版过的其他5本著作。

《她幸福》有两个特点：一是本书印刷订制为口袋书，封面设计精致，插图清新，便于携带，方便阅读；二是本书一半内容是我的心路历程，是我几十年生命中沉淀下来的眼泪和伤痛、迷茫和焦虑，是我的用心和坚持、感恩和喜悦。

借此感谢清华大学出版社张立红主任一路的支持和厚爱；感谢手挥催稿小鞭子、化身"福将"的责编石成琳；感谢William Jia老师和美女马文静硕士鼎力相助、全力以赴地改稿；感谢插图设计师陈牡丹、刘秋菊（中国地质大学珠宝学院大学生）、张辛茹（山东师范大学历史系大学生），感恩在《她幸福》出版中帮助过我的每一位朋友！

女人生命的主旋律是快乐和幸福，每个音符如歌如画亦如诗。如歌的人生有悠扬的旋律，谱写春耕夏种和秋收冬藏；如画的人生有优美的线条，勾画朝霞的激情和落日的璀璨；如诗的人生有唯美的意境，书写乐观的活力和成长的喜悦。

女人幸福，惠泽三生三代！

王薇华

2017年4月2日